이콘을 아십니까?

Τί ξέρεις ἐσύ γιά τίς εἰκόνες;

Copyright ⓒ 2000 Ἱερά Μονή Τιμίου Προδρόμου Καρέα
All rights reserved

Translated by Park Yong Bum
Korean Translation Copyright ⓒ 2011 Korean Orthodox Editions

이콘을 아십니까?

초판1쇄 발행 2011년 4월 24일
초판2쇄 발행 2017년 4월 16일

지 은 이   카레아 수도원
옮 긴 이   요한 박용범
펴 낸 이   암브로시오스 대주교
펴 낸 곳   정교회출판사
출판등록   제 313-2010-5호

주   소   서울 특별시 마포구 아현동 424-1
전   화   02)364-7020
팩   스   02)365-2698
홈페이지   www.philokalia.co.kr
e-mail   orthodoxkorea@gmail.com

ISBN 978-89-92941-20-4   03230

ⓒ정교회출판사 2011

이 책의 한국어판 저작권은 Ἱερά Μονή Τιμίου Προδρόμου Καρέα 와 독점계약한 정교회출판사에 있습니다.
저작권법에 의해 한국 내에서 보호를 받는 저작물이므로 무단 전재 및 무단 복제를 금합니다.

정가   15,000원

이콘을 아십니까?

카레아 수도원
요한 박용범 옮김

머리말

　한국 정교회의 신학자인 박용범이 번역하고 "정교회출판사(Korean Orthodox Editions)"에서 출간하는 "당신은 이콘에 대해서 아십니까?"는 한국에서 출간되는 수많은 의미있는 도서들의 목록 속에서 한 부분을 차지할 거라고 감히 믿어 의심하지 않는 바입니다.

　이 책은 일반 독자들이 "이콘"과 관련된 신학 지식을 간단명료하게 이해할 수 있도록 하는 데 초점을 맞췄습니다. 그래서 학술 문헌이나 전문가들을 통해서 접해 볼 수 있는 전문적인 지식과 구체적인 주제에 대해서는 다루지 않고, 정교회에서 가르치는 이콘에 관한 상당히 기본적인 사항들을 주로 다루고 있습니다. 이 책의 가장 큰 특징은 문답식으로 되어 있다는 점입니다. 이런 형식을 택한 것은 우선, 독자들의 관심을 유도할 수 있는 방식을 통해 즐거움을 전해 주기 위함이고, 또한 대부분의 독자들이 가장 많이 질문하리라고 생각할 수 있는 물음을 골라 그 답을 제시하는 것이 좋은 방법이라고 판단했기 때문입니다. 또한 이 책이 학술원과 같은 교육기관이 아니라 정교회의 어느 한 수도원에서 저술되었다는 점이 강조되어야 하겠습니다. 즉, 이 책의 저자는 수도원에서 오랜 세월 영적 수련을 하며 이콘의 신학을 공부했고, 몸소 이콘의 의미를 체득했으며, 작업실에서 전통적인 비잔틴 기법으로 이콘을 제작해왔던 수녀들입니다.

　이상으로 이 책에 대한 소개를 마치면서, 잠시 정교회의 수도 정신에 대해 말씀드리려고 합니다. 이 책에는 저자의 이름이 언급된 곳이 없습니다. 이 책을 저술한 수녀들은 겸손한 마음에서 자신들의 이름을 밝히지 않았습니다. 다만 자신들이 수도생활을 하고 있는 곳이 "거룩한 선구자 세례자 요한 수도원"이라고 밝히고 있을 뿐입니다. 이콘의 경우도 이와 같습니다. 전 세계적으로 인정받는 훌륭한 옛 이콘들에는 저자의 이름이 밝혀져 있지 않습니다. 예전의 비잔틴 이콘 작가들은 그들의 겸손함으로 인해 이콘에 이름을 기록하는 대신, 대개 "합당치 못한 손으로 제작."이라거나 "주여, 합당치 못한 당신의 종을 기억하소서." 등과 같은 표현으로 이름을 대신하였습니다.

　마지막으로 독자들이 본 저서를 통해 이콘에 담겨있는 깊은 의미를 알게 되어, 정교회에서 이콘을 사용하는 것에 대한 오해의 소지가 불식되기를 바랍니다.

정교회 한국대교구장
+ 암브로시오스 조성암 대주교

예수 그리스도. 아기온 오로스 판토크라토로스 수도원, 1535~1546

"이콘은 그의 거룩한 원형을 찾고 추구하는 인간을
그 원형을 향한 바른 방향으로 이끌어준다. ...
이콘은 단지 이론이나 표현에 국한되는 것이 아니라
직접적인 만남이고 현존이며 연합이다"
-에브도키모프-

차례

머리말 4
1. 이콘(εἰκόνα, 聖畵)에 대한 일반적 설명 11
2. 이콘의 "의미론"과 미학적 접근 19
3. 성당의 이콘들 62
4. 현대 이콘작가들과 이콘들 83
5. 이콘 미술의 역사와 화법에 대한 질문들 89
6. 신학적 질문 117

1. 이콘(εἰκόνα, 聖畵)에 대한 일반적 설명

■ 이콘이란 무엇인가? 종교적인 그림인가?

정교회 성당에 들어서는 순간 우리는 비잔틴 화법으로 그려진 이콘을 만나게 되는데, 그것은 종교인이나 종교사의 주제를 표현한 단순한 종교적 그림이나 사실주의적 묘사가 아니다.

'이콘(εἰκόνα)'이라는 단어는 '닮다(εἴκω)'라는 동사로부터 기원한다. 그리고 이 단어에서 '이콘 미술'이라는 오늘날의 용어가 파생된다. 따라서 "이콘"이라는 단어의 핵심적 의미는 성 대 바실리오스 말씀처럼 이콘과 이콘이 묘사하고 있는 그 원형의 닮음에 있다.

구약주석가들도 구약 성서의 히브리 원문의 단어 '첼렘(tselem)'을 바로 '닮다(εἰκών)'라는 의미로 해석하였고, 창세기 1장 26-27절은 하느님께서 '하느님의 형상(κατ᾽εἰκόνα)'에 따라 인간을 창조하셨다고 기록하고 있다. 또한 그리스 저자들도 '이콘(εἰκόνα)'의 의미를 이와 동일하게 해석하였다.

정교회 신자에게 이콘은 단순히 하나의 예술적 작품이나 종교적 그림이 아니다. 이콘은 신자를 이콘 속의 인물과 또 그분의 은총과 직접적으로 관계 맺도록 이끌어주고 그를 거룩함으로 승화시켜주는 기능을 하기에 신앙 생활에서 빼놓을 수 없는 요소이다. 따라서 우리가 그리스도 이콘 앞에서 마땅한 예(禮)를 표하며 이콘에 입을 맞출 때 우리는 육화하신 주님께 경건함을 표하는 것이다. 왜냐하면 이콘에는 육화하신 하느님의 말씀 즉 육신을 취하신 분이 그려져 있기 때문이다. 성 테오도로스 스투디티스는 "이콘에는 본성이 그려지는 것이 아니라 존재가 그려진다"고 말씀하셨다.

따라서 이콘은 이콘을 바라보는 사람들의 눈을 성스럽게 만들고 사고를 높여 신비로운 하느님 지식으로 이끌어 준다. 오감의 눈으로 접근할 수 없는 실체를 우리에게 계시한다. 이콘을 통해 우리는 "신비스럽게 새로운 세상으로 들어간다." 왜냐하면 성 대 바실리오스의 말씀처럼 "이콘에 대한 경의는 그려진 인물을" 향하기 때문이다.

■ 다시 말해 이콘의 주된 기능은 '인도하기' 인가?

이콘의 주된 역할은 인도하고 교육하는 것이다. 다시 말해 정교회는 "어떻게 하느님과 주님을 우리의 비천함 가운데로 붙들어 내릴 것인가가 아니라 어떻게 하면 그분의 풍성함으로 우리가 올라갈 것인가"를 이콘으로써 우리에게 제시하고 가르쳐 준다. 왜냐하면 이콘은 '통과', '넘어섬' 이며 이콘을 통해 우리는 하느님 영광에 동참하는 자가 되기 때문이다. 이콘은 사실 하나의 '새로운 언어' 이다. 또한 이콘은 하나의 '통로' 이기에, "이콘을 뛰어넘는 절대적 미, 범할 수 없는 빛의 영광"에 도달하려면 그것을 반드시 넘고 지나가야한다. 신자들은 비록 성찬예배가 거행되지 않을 때라도 정교회 성당 안에서 하느님과 성인들의 현존을 강하게 느끼는데 그것은 많든지 적든지 간에 성당에 있는 이콘들이 그런 역할을 하기 때문이다.

따라서 이콘은 일종의 '상징'이 된다. 그 상징을 통해 우리의 영혼은 그려진 인물과 만나고 일치를 이룬다. 에브도키모프는 다음과 같이 말하고 있다.

"이콘은 그의 거룩한 원형을 찾고 추구하는 인간을 그 원형을 향한 바른 방향으로 이끌어준다. … 이콘은 단지 이론이나 표현에 국한되는 것이 아니라 직접적인 만남이고 현존이며 연합이다"

이 모든 것을 통해 봤을 때 결국 이콘은 단순히 하나의 종교적 그림이거나 예술 작품이 아니라 '상징-존재'의 표현으로서, 그려진 인물 즉 원형과 친교를 나누도록 우리를 초대한다. 그리고 우리가 '상징-존재'라고 말할 때의 상징은 이콘의 주된 특성이 상징적 언어로 말하는 것임을 의미한다. 예를 들어, 눈은 크게 그려지는데 그것은 그분들이 지극히 높고 심오한 것들을 보았음을 우리에게 상기시켜주기 위한 상징이다. 머리는 비자연적으로 크게 그려지는 경우가 많은데 이것 역시 상징적 언어로서 하느님의 지혜를 담고 있음을 나타낸다. 그리고 '존재'라고 한 이유는 개체, 인물이 그려지기 때문이다.

이콘은 단지 상징적이고 신학적인 것만은 아니다. 그것은 슬픔에 빠진 자에게 위로와 친구가 되어주고 외로움을 달래준다. 또한 이콘은 성령의 능력으로 성부 하느님의 거처로 들어가는 문을 열어준다. 성령의 역사로 이콘은 작곡가에게는 훌륭한 곡을 만들 수 있도록 영감을 주고 신학자에게는 빛을 주며 또한 영육을 성화하고 마음속에 평화와 기쁨을 채워주고 기적의 이콘들처럼 기적들을 행하기도 함으로써 우리를 구원으로 이끄는 스승과 인도자가 된다. 왜냐하면 다마스쿠스의 성 요한이 강조한 바와 같이 성령의 은총은 결코 무력하게 계시지 않고 반대로 창조되지 않은 그 은총의 능력을 통해 영원히 성인들의 영혼과 육체에 임재하고, 성인들의 유물과 이콘에 함께 하시기 때문이다.

■ 이콘이 하나의 '새로운 언어' 라 하였는데 무슨 의미인가?

교회는 초대교회 때부터 복음 언어와 예배 언어 외에 또 다른 언어인 이콘 언어도 사용하였다. 이 이콘 언어는 역사적 사건을 단순히 재현하는 것에 그치지 않고 교회의 은총과 진리를 구체적으로 표현하였다.

야고보스 마이나스는 "이콘은 믿음의 신비에 다가서기 위한 감각적, 실용적 도구로만 존재하는 게 아니다. 또한 지식인들에게는 불필요하지만 문맹인에게는 필요한 무엇도 아니다. 이콘은 우리에게 정보 제공을 통해서가 아니라 우리를 하늘로 인도해줌으로써 우리를 가르치는 것이다."라고 말하였다. 좀 더 구체적으로, 정교회 이콘은 다음과 같다.

복음 언어

이콘 작가들은 복음의 내용과 다른 어떤 것이 아니라 성서가 기록하고 있는 것들을 그들의 이콘 화법으로 표현한다. 따라서 이콘은 "성서의 내용에 부합한다."(세계 제 7차 공의회). 이콘은 그림으로 된 복음이며 신약성서와 교회 전통을 전달하는 그림 언어이다. 우스펜스키는 정확하게 이것을 설명하고 있다. "성서의 말씀이 언어로 복음이라면 이콘은 그려진 복음 말씀이다."(그림 1)

예배적 언어

정교회 이콘은 교회 예배의 언어와 똑같은 가치와 효력을 지닌 언어이다. 그래서 '유사 예배 언어' 라 이름 붙여지기도 한다. 즉 "귀로 듣는 모든 예배 내용들을 우리는 똑같이 이콘을 통해서 눈으로 본다." 이콘은 예배에서 거행되는 모든 것을 신비로운 분위기로 감싼다. 이콘은 주님과 또한 '침묵' 으로 함께 하시는 성인들께 영광을 드리고 찬양하는 신학이다. 이콘은 사람들이

그림 1. 가나에서의 혼인잔치. 메가로 메테오로, 1552

하느님의 신비로운 섭리를 체험하도록 도와준다.

찬양의 언어

이콘은 교회 찬양과도 밀접한 관계를 맺고 있다. 그 좋은 예로 아토스 성산의 성 스타브로니키타 수도원 식당에 그려져 있는 24개의 장면으로 구성된 성모기립찬양(아카티스토스) 이콘 벽화를 들 수 있다.

성인과 교부들의 언어

이콘 중의 많은 작품들은 성인들의 생애와 교부들의 가르침을 보여준다. 니사의 성 그레고리오스는 성 테오도로스 순교자 이콘을 일컬어 '언어의 책'이라 하였는데, 그것은 책을 읽을 때도 그렇지만 이콘을 '읽을' 때도 신자들은 커다란 유익을 얻고 여러 가지로 도움을 받으며 무언의 이콘 벽화를 통해 엄청난 은총을 받는다는 것을 잘 알고 있었기 때문이었다.

교리 언어

이콘은 교회의 교리를 온전히 설명한다. 누구라도 이콘을 제대로 이해하고 그것의 상징적 언어의 감춰진 의미를 해독할 수 있다면 그는 이콘을 바라보면서 초감각적 가치와 진리를 느끼고 체험하게 될 것이다. 이콘을 통해서 삼위일체론, 그리스도론, 인간론, 성모 마리아론, 예배론, 교회론 그리고 성인론 등의 교리적 가르침을 배울 수 있다는 것이다. 전문가들은 정교 신학 공부는 이콘 작품의 연구와 분석만으로도 가능하다고 말한다. 실제로 이콘 작품은 모든 면에서 정교 교리를 표현하는 "그림으로 그려진 신학"이다. 신학과 교리의 정수인 '신앙의 신조'와 '주기도문'이 이콘을 통해 탁월하게 표현되어 있다는 것이다.

교육 언어

다마스커스의 성 요한은 이콘은 "지식, 유익, 은혜, 구원으로" 이끌어주기 위해 창조된 성스러운 예술이라고 말한다. 교회는 이콘을 통해 우리를 교육하고 우리 안에 그리스도를 형성시키며 또 그리스도에게로 인도하는 역할을 한다. 순교성인들, 최후의 심판, 지옥과 천국에 대한 회화적 표현은 우리에게 신비의 메시지를 전하고 우리를 자극하며 우리가 그리스도화 되도록 용기를 북돋아준다. 이콘은 우리를 그리스도에게로 이끌어주는 인도자이다. 이콘의 은총은 어머니가 아기를 돌보듯이 우리를 붙들어주고 불멸의 생명으로 우리를 인도해준다. 실제로 성인전을 보면 많은 성인들이 이콘을 통해 교회의 삶으로 인도되었고 성화(聖化)된 삶을 살게 되었다는 사실을 발견하게 된다. 예를 들면 성 도시테오스는 청년 시절 성지를 방문하게 되었는데 거기서 하느님의 섭리로 지옥의 모습을 담은 이콘을 보게 되었다. 그 모습은 성인에게 큰 충격으로 다가왔고 그동안의 삶을 변화시키고 회개하는 계기가 되었다. 성인은 수도사가 되었고 순종과 수행, 인내로서 5년이라는 짧은 기간을 수도자로 살다가 생을 마감한 후 성인의 반열에 오르게 되었다.

이콘은 "묘사된 인물의 은총이 깃들어 있어서" 신자들을 '기도'로 또 '시초 없으신 하느님과의 친교'로 인도한다. 야니스는 이렇게 말한다. "이콘은 진실한 기도의 학교이다. 왜냐하면 이콘은 우리를 기도에 동참시켜 주는 하나의 단순한 도구에 그치지 않고 더 나아가 우리를 깊은 기도로 이끌어주며 또 이콘에 묘사된 자세 등을 통해서 과연 우리가 어떻게 기도해야 하는지를 깨닫게 해주기 때문이다." 기도하는 사람의 마음은 한없이 넓어지고 그 가슴속에 시조 아담을 비롯한 모든 형제, 모든 피조물을 포용한다는 사실은 이미 잘 알려진 사실이다. 이와 같이 이콘은 신비스러운 방법으로 우리를 기도로 이끌어 주고 이웃에 대한 사랑으로 인도한다. 시리아의 성 이사악은 자비로운 사람의 마음은 모든 피조물에 대한 사랑으로 불탄다고 말하였다. 수도 사부들은 "'불타는 마음'이란 끊임없는 기도이며, 그런 마음은 인간을 비롯하여 새, 동물, 사탄, 그리고 모든 피조물을 위해 불탄다"고 하였다.

성당 건축 언어

정교회 성당에 들어서면 이콘이 신학적 의미를 함축하는 일정한 질서를 가지고 배치되어 그려져 있음을 알 수 있다. 이러한 배치는 임의로 정해진 것이 아니라 구체적 계획에 따른 것으로서 하느님의 섭리와 관련된 신학적, 예배적 가치에 그 바탕을 둔다. 칼로키리스는 "예배와 찬양과 설교 말씀을 통해 가르쳐지는 모든 것은 침묵의 이콘을 통해 아주 잘 서술되고 있다"라고 하였다.

■ 이콘은 두 개의 축, 즉 하나는 예술이고 또 다른 하나는 신학, 교리, 진리로 구성된다고 했는데?

맞는 말이다. 실제로 이콘은 이 두 가지 요소로 구성된다. 하나는 예술이며 또 다른 하나는 신학, 교리, 진리이다. 모든 이콘은 이 두 가지 요소를 결합하고 있다. 즉 예술적 차원인 화법과 교회 전통 속에서 형성된 일정한 규범이 결합된다. 그리스도와 테오토코스 이콘을 예로 들어보자. 그리는 방법은 변화할 수 있다. 하지만 모습은 바뀔 수가 없고 지속적이다. 그렇지 않다면 신자들에게 혼란을 야기할 수 있고 그려진 인물을 알아보지 못하는 경우가 발생한다. 모습은 우리들에게 그려진 인물 즉 원형을 보여주기 때문이다.

2. 이콘의 "의미론"과 미학적 접근

■ 비잔틴 이콘을 그릴 때 어떤 틀이나 원칙이 있는가?

물론이다. 비잔틴 이콘을 그릴 때 특별한 화법이나 원칙이 있다. 사람들은 비잔틴 미술은 작가와 밀접하게 연관되어 있고, 일정한 코드를 가지고 있다고 말한다. 비잔틴 미술이나 표현을 보면 자연주의적 요소나 사실적 묘사가 없음을 우리는 알 수 있다. 모든 사물, 건물, 식물, 산, 의복, 인물 등은 변형되고 변화된 모습으로 그려진다. 이콘 작가는 이런 변화를 통해 초월성을 표현하고, 기도하는 사람이 형식과 색감에 사로잡혀 다른 우상을 만들어 내는 것을 막고자 했다.

이콘은 아주 먼 곳에서(하느님의 형상으로부터)와서 이콘을 넘어서는 저 먼 곳으로 우리를 이끈다. 현상이나 이성, 상징이나 묘사를 뛰어넘는 어떤 상태로 우리를 이끈다. 만약 이콘이 우리를 그 자체 안에 가둬 버리게 된다면 그것은 하나의 우상이며 이콘을 지키기 위해 그토록 피를 흘리며 싸울 필요가 없었을 것이다.

따라서 비잔틴 미술은 이콘을 그릴 때 흔들리지 않는 특정한 원칙을 적용하며 어떤 특징을 강조하거나 승화시킴으로써 일상적인 삶의 특성을 벗어난 초월적 실재를 드러낸다는 사상을 보여준다. 왜냐하면 비잔틴 이콘의 주된 목적은 초월적 세상을 계시하고 신자들을 태고의 미로 가득찬 공간으로 우리를 이끄는 것이기 때문이다. 그렇다면 이콘을 좀 더 깊이 이해하기 위해서 이콘이 가지고 있는 특성을 살펴보도록 하자.

도식화(형태화)

비잔틴 이콘에서 두드러진 특징이라 할 수 있는 것은 부분적 또는 전체적인 도식화이다. 요한 브라노스 교수는 다음과 같이 말했다.

"도식화는 그려진 대상에 뭔가 세상을 초월한 면을 부여한다. 왜냐하면 시각적 실체를 변질시키기 때문이다. 또한 도식화는 이콘을 직시하는 신자를 초세상적인 면, 영적 진리의 깊이로 이끌어 준다. 정교 이콘에서 도식화는 단지 구도(構圖)만이 아니라 빛의 조명에서도 나타난다. 조명된 표면은 어떤 때는 평행선, 또 다른 때는 삼각, 반원형, 곡선 등 기하의 형태를 띤다. 가장 밝은 표면은 주로 좁고 긴 직선으로 나타낸다. 도식화된 조명은 작품에 깊은 영성과 창조되지 않은 신성의 빛의 시각적 존재를 덧입힌다. 또한 영적 엄숙함은 원형의 미와 순결한 고귀함의 조화로운 공존을 실현한다."

네레지(Nerezi)에 있는 성 빤델레이몬 성당에 위치한 1163년도의 벽화 '비탄의 장례' (그림 2)에서 우리는 완전한 도식화와 강한 형식주의를 만나 볼 수 있다. 여러 인물의 의상 주름이나 세부적인 요소를 살펴보면 곡선의 기하로 표현되었음을 알 수 있다. 윗눈썹은 반원과 닮았고 눈은 크고 타원 모양으로 묘사되며, 귀는 마치 소라같다. 마찬가지로 빛도 나눠지기도 하고 부서지기도 하며, 빛이 비춰진 표면은 기하학적 형태를 띠고 있다. 곡선의 기하는

그림 2. 비탄의 장례. Nerezi의 성 빤델레이몬 성당, 1163

굽이치는 산기슭 같은 자연에서 볼 수 있고 또 주위를 둘러싸고 있는 제자들의 신체에서도 발견할 수 있다. 의상의 주름들, 인물들의 특징, 감싸 안으신 성모 마리아의 모습은 모두 도식화된 것이며 전체적인 조화에 하나의 리듬감을 준다. 그 리듬감은 높은 영성의 호흡을 만들어 낸다.

　한 작품이 많이 도식화되어 있을 때 사람들은 그것을 '엄격한 비잔틴 양식'이라 부른다. 많은 도식화는 작품에 성스러움을, 뭔가 외적 세계의 특성을 부여하며, 우리를 신비롭게 또 다른 실재의 세계로 데려간다. 반면에 부분적 도식화는 좀 더 아름답고 우아한 모습을 그려낸다.

　"왜 비잔틴 미술은 자연스럽지 않은가"라는 질문에 콘도글루는 다음과 같이 대답했다.

"그것은 자연스러운 모습만이 아닌 초자연적 것도 표현하려 하기 때문이다. 단지 우리 육체적인 눈에 비춰진 대로 그리는 미술은 회화라 불릴 것이다. 왜냐하면 인물, 역사적 사건, 자연 현상 등을 말 그대로 우리가 보고 느낀 대로 그리기 때문이다. 화가는 그것을 자기 상상, 관점에서 그리는 것이다. 하지만 비잔틴 미술은 이러한 목적을 가지고 있지 않고 우리를 감각에서 정신으로, 육적 눈에서 영적인 눈으로, 일상에서 영원으로 올려주고자 한다.

물론 비잔틴 미술도 형태와 색상을 사용한다. 그러나 이러한 요소들을 영적으로 승화시키고 변화시킨다. 비잔틴 미술에서 형태와 색상들은 영적 신비의 세상을 표현하기 위한 신비로움이 된다. 바로 이것이 비잔틴 미술이 자연주의에 얽매이지 않게 된 이유다. 세상적 언어가 영적으로 감춰진 내용을 드러낼 때 영적으로 변화되듯이 비잔틴 미술의 형식과 색상도 그와 같다."

■ 사람들이 말하기를 비잔틴 미술은 간소한 미술, '절제의 미술'이라 했는데 무슨 의미인가?

간소함

이콘에서 모든 것은 간소하게 표현된다. 비잔틴 이콘은 실제로 간결하다. 왜냐하면 꼭 필요한 요소들만 선택해서 사용하기 때문이다. 간소함은 비잔틴 이콘의 주된 원칙 중 하나이다. 간소함은 정교회 영성의 주된 특징인 검소와 절제라는 일반적 수행의 마음 자세와 연관된다. 우스펜스키는 "방법의 간소함과 간결함은 성서의 간소함과 간결함에 상응한다"고 말했다. 형태와 색상, 사물 등 전체 구도에서 단순함과 소박함이 묻어난다. 그래서 이 미술을 '절제'의 미술이라 하는 것이며, 이것이 바로 이콘 작가들이 수도자의 자세를 잃지 말아야 하는 이유이다.

물론 비잔틴 이콘 작가가 간소함을 표현의 주된 원리로 삼는 또 다른 하나의 주된 이유는 중심 주제가 이콘에 잘 드러나게 하려는 것이다. 왜냐하면 너무 많은 사물들, 문자들, 형태들로 가득 차게 되면 주된 주제가 퇴색되기 때문이다.

■ 어떤 이콘들에는 인물들이 지나치게 비자연적이거나 변형된 모습으로 묘사되어 있다. 예를 들어 크리스토포로스 성인의 경우 때로는 강아지 형태의 얼굴로 그려지는데 이것을 어떻게 해석해야 하나?

변형

비잔틴 미술의 또 하나의 원칙인 모습의 변형, 변질에 대해 말해보자. 이미 우리가 살펴 본 바와 같이 이콘 작가는 마치 사진 찍듯이 사물의 모습을 똑같이 그리지 않고 영적 요소로 그것들을 변화시켜 영광스럽게 한다. 기본적인 모습의 특징을 유지하면서도 찬란한 영광을 덧입는다. 의상과 나무, 새 등과 같은 자연 사물 등 모든 것이 하늘나라의 영광을 입는다. 남루한 수도자의 옷은 값지고 깨끗한 새 옷으로 갈아입는다. 사막에서 금식하고 있는 심신이 지친 원로의 육체는 기쁨으로 충만한 생동감 있는 모습으로 그려진다. 타락한 인류의 흠과 부패는 사라진다.

이렇게 비잔틴 미술의 미학은 이콘 속에 있는 모든 것이 은총으로 새롭게 태어나고 새로워짐을 신자에게 일깨워 준다. 러시아 학자 쩨르노브는 이콘은 물질이 타락 이전의 조화와 아름다움으로 되돌아간 구체적 한 예일 뿐만 아니라 성령의 매개체로서 사용된다고 강조하면서 "이콘은 변화된 세상의 한 부분을 구성한다"고 말했다. 이것과 똑같은 이유로 디모디 웨어도 "이콘은 그리스도께서 가져온 구원이 모든 피조물을 지배하고 타락의 결과를 치유하게 될 미래의 승리의 보증이 될 것이다"라고 평가했다.

■ 즉 이콘이 새 세상의 한 부분을 형성한다는 것인가?

그렇다. 또한 성당은 새로워진 세상의 형상이다.

■ 성 크리스토포로스 이콘이 보여주는 지나친 감성적 표현은 어떻게 이해되어져야 하는가?

과장

우리가 조금 전에 언급하였듯이 변형은 정교회 이콘에서 규칙이자 원칙이다. 이러한 기본 원칙의 범주를 벗어난 작품은 그려지지 않는다. 하지만 특별하게도 일부의 이콘은 일반적 변형의 범주를 벗어나 지나친 과장에 이르기도 한다. 이러한 과장 현상 역시 어떤 감춰진 목적이 있다.

성인전을 읽어보면 크리스토포로스 성인이 아주 흉측한 얼굴을 가지고 있었음을 알 수 있다. 성인의 전기 작가들은 성인의 얼굴을 강아지 모습으로 서술하고 있다.(그림 3)

성인의 전기를 간략하게 살펴보자.

"성인은 육체적으로 강건한 힘의 소유자였고 고향은 식인종들이 사는 나라였다. 성인은 데키우스 황제(249-251) 시대에 살았는데 한 전쟁에서 포로로 잡혀 갔을 때 자신을 그리스도교인이라고 고백함으로써 안티오키아로 보내졌다. 그리고 그곳에서 바빌라스라는 사제순교자로부터 세례를 받게 되었다. 어느 날 그가 왕에게 불려갔는데 왕은 그의 흉측한 모습과 엄청난 힘을 보고 놀랐다. 왕은 그에게 그리스도를 믿지 말라고 회유하며 그를 두 명의 창녀에게 보냈다. 하지만 창녀들은 성령의 비추심과 성인의 경건한 삶의 모습에 감명받고 변화되어 자신들의 잘못된 삶을 뉘우치고 오히려 그리스도를

그림 3. 강아지 얼굴 모습의 성 크리스토포로스. 비잔틴 박물관, 1685

위해 순교하였다. 그리고 뒤이어 성인도 순교로 자신의 생을 마감하였다."

성인의 이콘은 두 가지가 있다. 하나는 강아지모습을 한 보기 흉한 모습으로 묘사된 것이고 또 하나는 어린 예수를 어깨에 태우고 강을 건너는 잘 생긴 모습으로 묘사된 것이다. 이 잘 생긴 인물의 이콘은 메테오라의 성 니콜라스 아나팝사 수도원과 아토스 성산의 스타브로니키타 수도원에 소장되어 있다.(그림 4) 누구라도 강아지얼굴을 한 성인의 이콘을 보면 의아해 할 것이다. 이런 모습의 이콘은 비잔틴 미술의 지나친 과장의 한 단면을 보여주는 좋은 사례이다.

해석가들은 아마도 이콘 작가는 그리스도를 알기 전의 성인의 삶을 표현하기 위해 성인의 얼굴을 강아지 모습으로 그렸을 것이라고 추측한다. 반대로 잘생긴 인물로 그려진 것은 그리스도 안에서의 새로운 삶과 거듭난 존재를 묘사하기 위한 것이라고 본다. 이 두 가지 이콘은 흉측한 괴물과 같은 존재조차도 성인으로 변화시키는 복음과 회개의 능력을 단적으로 보여주고 있다.

강아지 얼굴을 한 크리스토포로스 성인의 이콘에서 우리는 정교회가 가지고 있는 역동적인 교육적 가치를 발견할 수 있다. 정교회의 사고는 못생기거나 흉측한 모습은 나쁜 것과, 아름다운 모습은 좋은 것과 동일시되는 서양 예술 및 그들의 사고와는 분명 다르다. 이런 서방 전통의 단적인 예로, 악과 동일시되는 사탄은 늘 날카로운 이를 드러내고 있는 흉악한 괴물로 묘사되는 것에서 찾을 수 있다.

정교회는 어린 예수님을 어깨에 메고 강을 건너는 잘 생긴 모습으로 그려진 성인의 이콘을 공식적으로 받아들이고 있다. 이 이콘에 묘사된 성인은 지팡이를 잡은 채 무릎까지 물에 잠긴 힘세고 덩치가 좋은 모습을 하고 있다. 성인 생애에 대한 한 전승에 의하면 성인은 성당 바깥에서 "주님, 아론의 지팡이에 꽃이 피었듯이 이 지팡이에서도 꽃이 피게 해 주십시오. 그래서 제가

그림 4. 성 크리스토포로스, 아기온 오로스 성 스타브로니키타 수도원, 1546

당신의 영광에 합당한 자임을 깨닫고 더욱더 열심히 덕을 쌓는 투쟁에 임하게 하소서"라고 기도하였는데 그 기도가 채 끝나기도 전에 지팡이에 꽃이 피었다고 한다.

다른 전승은 어린 예수를 어깨에 매고 있는 모습에 대해 이렇게 전한다. 크리스토포로스 성인은 몸집이 거인 같고 엄청난 힘을 소유하고 있었는데 농사나 다른 일로는 만족을 할 수가 없었다. 그는 어떤 식으로든 왕이신 그리스도를 위해 봉사하고픈 욕망이 가득하였다. 그때 한 사막의 수도자가 그에게 많은 사람들이 강을 건너가다 물살에 휩쓸려 빠져죽으니 물살이 센 강가 가까이로 가서 그들을 도와주며 살라고 하였다. 그러면서 "힘없고 약한 사람들에게 행하는 모든 것이 바로 만물의 주관자 그리스도께 하는 것과 같다"고 말하였다. 성인은 기쁜 마음으로 수도자의 말을 받아들였고 강을 건너는 사람들을 순수한 마음으로 도와주었다. 어느 날 밤 한 어린이가 강 건너편으로 데려가 달라고 성인을 부르는 소리를 듣게 되었다. 성인은 기쁜 마음으로 어린이를 어깨에 둘러메고 강으로 들어섰다. 강의 물살은 셌고 칠흑 같은 어둠이 내린 상태였다. 하지만 어깨에 멘 어린이는 무척 가벼웠다. 강 가운데쯤 이르자 어깨가 무거워지기 시작하였다. 앞으로 나가면 나갈수록 들지 못할 정도로 점점 무거워졌다. 아주 힘들게 겨우 강 건너편으로 건너가 아이를 땅에 내려놓은 후 아이에게 다음과 같이 말했다. "애야, 너 왜 그렇게 무겁니?" 그러자 어린이는 말했다. "내가 바로 온 세상을 짊어지고 있는 바로 그 사람이다. 네가 그렇게 봉사하고자 갈망했던 바로 그 임금이다. 네가 날 옮겼으니 오늘부터 너는 크리스토포로스[1]라 불릴 것이다" 하고 사라졌다.

이런 전승을 기초로 성인의 이콘이 그려졌고 14세기부터 성인은 비잔틴뿐 아니라 서방 화가들에 의해서도 이런 모습으로 그려진다.

■ 강도, 망나니, 악인들 그리고 유다의 모습이 이콘에 그려질 때 그들 마음속에 있는 감정이 얼굴에 나타나지 않는 이유가 무엇인가?

---

1) 크리스토포로스(Χριστοφόρος) : "그리스도를 옮긴자"라는 뜻.

그림 5. 유다의 배반. 아기온 오로스 성 바토페디우 수도원, 14세기

비잔틴 이콘에서는 감정이나 악에 대한 표현이 얼굴에 나타나지 않는다. 악인, 망나니, 율법학자와 바리새인들도 차분하고 존경받는 듯한 얼굴로 묘사된다.(그림 5) 이것은 '비잔틴 이콘의 관용과 순수성'을 보여준다. 하지만 이런 표현은 모든 사람에게 하느님의 형상이 담겨있다는 정통신앙의 진리를 보여주는 것이기도 하다. 비록 하느님의 형상은 어두워졌지만 사라지지는 않았다. 왜냐하면 "하느님은 인간을 불멸한 것으로 만드셨고 당신의 본성을 본 따서 인간을 만드셨기 때문"(지혜서2:23)이다.

그래서 순교성인들의 이콘에서 성인들은 자신들을 참수하는 망나니들을 바라보면서 그들을 위해 기도하는 모습으로 그려진다. 그 이유는 망나니의 모습 속에 하느님의 모습이 담겨있기 때문이다. 그 밖에도 사제가 성당에서 분향할 때 모든 사람에게 하느님의 모습이 있다고 믿기에 신자와 이콘에 똑같은 방법으로 분향한다. 어른이나 어린이나 성인이나 악인이나 범법자에 관계없이 모두에게 고개를 숙이며 분향한다. 왜냐하면 모두는 하느님의 모습을 담고 있기 때문이다. "이런 방법을 통해 교회는 각 사람에게 들어있는 하느님의 모습을 반기며 드높인다."(에브도키모프)

■ 왜 주상(柱上) 성인 들의 이콘은 기둥의 일부처럼 보이게 흉상만 그려지는가?

주상 성인들의 이콘도 지나치게 과장된 모습이라 할 수 있다. 이콘작가는 기둥에 속해있는 것처럼 성인의 흉상을 그리는데 가슴 앞에 손바닥을 편 채로 기도하는 무아지경에 빠진 자세로 그린다. 따라서 성인의 모습은 흡사 기둥의 바닥에 붙어 있는 것처럼 보인다. 전문가들은 이콘 작가는 주상 성인들을 묘사할 때 마치 무생물처럼 기획한다고 해석한다.

하지만 이런 과장된 표현을 통해 이콘 작가는 자신이 전하고자 하는 사상을 충실하게 보여준다. 주상 성인들은 대단한 절제의 삶으로 유명하다. 이콘은 금욕가로서의 성인들의 모습을 역동적으로 잘 묘사하고 있다. 이콘 작가는 성인의 신체일부를 절단하여 성인을 '무생물' 처럼 묘사함으로써 인간의 죄의 경향뿐만 아니라 육체의 선천적인 욕망에도 굴복하지 않으려 했던 주상 성인들의 아주 강한 의지를 나타낸다.

---

2) 기둥위에 올라가 수행했던 성인들

마찬가지로 은둔(隱遁) 성인들[3]의 이콘도 우리에게 깊은 인상을 준다. 주로 은둔 성인들의 공간은 아주 협소하고 조그만 거처로 그려진다. 때때로 거처는 지나치게 협소하게 표현되어 신체에 비례해서 머리하나만 들어갈 수 있게 그려지기도 한다. 이렇게 지나치게 과장된 표현을 통해서 폐쇄된 공간에서 수도하는 은둔 성인들만의 특별한 은사뿐만 아니라 성인들의 '사유의 위대성'을 드러낸다.

이와 유사한 좋은 예로 생전에 아몬드 나무 가지에서 수도생활을 하던 모습을 반영한 아몬드 나무 가지 위에 있는 성 다윗의 이콘을 들 수 있다.

이렇듯 이런 지나친 표현화법은 비잔틴 미술의 한 현상이라고 볼 수 있다. 하지만 이런 현상은 극히 특별한 경우에만 사용되며, 이콘을 바라보는 사람들의 주의를 환기시키고 그들로 하여금 구체적인 체험과 사고를 유발시킨다. 우리는 크기, 관점, 형식, 색상 등 여러 관점에서 과장된 표현을 목격할 수 있다.

부자연스런 모습으로의 변형, 도식화, 간소, 과장 등은 비잔틴 이콘 화법의 기본 원칙들이며 주된 특징들이다. 이런 모든 강조점들은 이미 본 바와 같이 신학적 바탕을 가지고 있고 이콘 속에서 상징적으로 표현된다. 콘도글루 역시 이 점을 강조하여 말하길 "정교 이콘 화법의 특징은 부자연스럽지만 기능적이고 상징적이며 영적이다"라고 하였다. 따라서 상징 속에 무엇이 감추어져 있는지 제대로 알게 될 때라야 비잔틴 이콘의 의미를 깨닫고 아끼고 사랑하며 그 이콘을 통해 우리가 가고자 하는 초월적(진정한) 세계로 갈 수 있게 된다.

---

3) 세상과 멀리 떨어져 은둔하면서 수행했던 성인들

■ 비잔틴 이콘에 감춰져 있는 세상을 알기 위해 꼭 이해해야만 하는 필수적인 상징에 대해 설명해 달라.

이콘을 보면 눈은 크고 살아있으며 영적 생동감으로 충만하다. 그 이유는 눈으로 "엄청난 일을 보았기 때문이다." 귀도 크게 그려지는데 그것은 주님의 계명을 들을 준비가 되어있기 때문이다. 그리고 코는 정상적인 형태보다 길고 좁게 그려지는데 그것은 세상적인 것을 맡지 않고 성삼위일체 하느님의 아름다운 영성의 향기를 맡고 있음을 보여준다.(그림 6)

입은 작게 그려지고 대부분 수염에 완전히 가려지게 그리는데 그것은 꼭 필요한 음식만 취하며 절제의 삶을 살았음을 나타낸다. 또한 작은 입은 낙원의 행복과 무소유욕, 영성의 한 표현이다. 다시 말해 육체는 이미 성령의 놀라운 도구가 되어 더 이상 세상적인 양식만을 가지고 살아가지 않는다. 찬양을 올리고 감사와 평화의 입맞춤을 위해 존재하는 것이다. 이마는 약간의 변형된 모습으로 넓게 그려지는 데 그것은 깊은 묵상과 사유가 삶을 지배했음을 강조한다.

손과 발도 자연적인 모습과는 다르게 그려진다. 손가락은 자주 지나치게 길게 그려진다. 축복하는 손은 때때로 머리 크기만 하기도 하다. 또한 복음경을 들고 있는 큰 손은 복음경의 위대하고 깊은 가치를 나타낸다. 선구자 세례자 요한은 그의 손으로 세례 받으러 오시는 예수님을 가리키는데, 가리키는 손이 크게 그려진다. 이것은 가리킴을 받는 분과 그분의 업적이 위대하다는 것을 강조하기 위해서이다.

■ 많은 경우 이콘 색상이 자연스럽지 못하다. 예를 들면 산이 빨간색, 자줏빛 혹은 파란색으로 그려지기도 하는데 어떻게 설명을 해야 하나?

그림 6. 성 시메온 테오도호스. 미카엘 다마스키노스 작품, 16세기

정교회 이콘에는 부자연적인 요소가 있는 것이 사실이다. 이콘의 색상은 자연스럽지 못하다. 하지만 작품 속에는 하나의 조화가 있으며 영혼이 저 높은 세계를 체험하도록 시선을 사로잡는다. 누구든지 정교회 이콘에서 빨간색으로 그려진 말을 볼 수 있고, 자주색이나 파란색의 바위 등 부자연스런 색상들을 만날 수 있다. 이런 모습은 이콘을 바라보는 사람에게 새로운 면, 초월적 세계, 영적 세상에 들어가도록 도와준다. 이런 방법으로 색상들은 상징적이며 신비적인 특성을 얻는다.

콘도글루는 "신학적 관점에서 이콘의 색상들은 상징적 의미를 가지고 있다. 흰색은 빛과 깨끗함의 상징이고 검은색은 신비의 깊이를 의미한다. 진청색은 시원함과 투명함을, 초록색은 희망과 안정, 노란색은 하느님의 영광과 광채, 붉은색은 신비한 본질의 불꽃과 뜨거움, 하늘색은 하늘 빛의 광채를 의미한다"라고 하였다.

이렇게 비잔틴 이콘에서의 색상은 단순히 하나의 장식적 요소가 아니라 특별한 형태의 언어로서 사람들이 그것을 알게 될 때 초월적 메시지를 찾아낼 수 있고 그의 영혼은 성스러운 세상을 향해 열리게 되는 것이다. 자신도 느끼지 못하는 가운데 체험을 하게 되고 그 체험은 그의 마음을 변화시키고 그를 새로 태어나게 하며 그를 신화(神化) 시킨다. 정교회 이콘은 색상의 연결고리를 통해 이콘을 바라보는 자가 눈보다는 가슴으로 깊은 영적 메시지를 들을 수 있도록 한다.

■ 하지만 우리는 그런 깊은 의미를 잘 모르기 때문에 정교회 비잔틴 이콘의 형태화된 리듬에 대해 자주 오해한다. 그렇다면 이미 밝힌 대로 비잔틴 이콘의 최종 목적과 내용은 '새로운 창조'를 나타내는 것인가?

이미 여러 경로를 통해 정교회 이콘은 새로운 창조를 나타냄을 밝혔다. 부패(타락)의 세상에 결코 중심을 두지 않는다. 이콘은 성령에 의해 새로워질 세상을 그려왔다. 왜냐하면 "멸망의 사슬에서 풀려나 모든 피조물들이 새로워질 것"(로마서 8:21)이기 때문이다. 색상의 화법으로 이콘은 멸망의 육체를 "그분의 영광의 육체"(필립비 3:21)로 변화시키려 노력하고 우리가 부활한 후에 취할 영광과 영적인 몸을 나타내려 노력한다.

콘도글루는 "이 화법은 하나의 그림 신학으로서 성인들의 일반적 모습이나 특성이 아닌 하늘왕국에 있는 그들의 영적이고도 불멸하는 특징을 그려낸다"라고 하였다.

■ 성인들과 천사들의 이콘에서 의상으로 손을 가리는 이유는 무엇인가?

의상으로 손을 가리는 것은 접근하고자 하는 대상이나 인물에 대한 경외심을 나타내기 위함이다. 그리스도의 세례 이콘(그림 11)에서 천사들을 보면 의상으로 손을 가리고서 경건하고 경외스런 형태로 손을 펼치며 주님을 맞이하고 봉사할 준비가 되어 있는 모습을 하고 있다. 라자로의 부활 이콘에서도 그의 자매들인 마르타와 마리아가 손이 가린 채 그리스도의 발을 만지는 모습을 볼 수 있다. 40일 된 아기 예수를 모시고 성모님께서 성당에 입당하는 주 입당 축일 이콘에서도 성 시메온은 그의 제의로 손을 가리고 아기 예수를 품에 받아들일 준비를 하고 있다. 성직자들도 마찬가지로 복음경을 들고 있는 손을 제의로 가린다.

손을 가리는 것은 이콘에 그려진 성인들이 주님이나 성스러운 복음경에 대해 지극한 경건함을 표하고 있음을 나타낸다. 일반적으로 말하자면 손의 가림은 범접 못할 가치 혹은 성스러운 대상 혹은 거룩한 인물에 대한 지극한 경건함의 표출을 표현한 것이라 하겠다.

이콘의 이런 시각은 이콘을 바라보고 있는 신자들에 대한 교육적인 배려를 포함하고 있다. 왜냐하면 침묵 가운데 경건함을 체험하도록 신자들을 이끌어 주기 때문이다. 영혼에 경외심을 불러일으키고, 범접할 수 없는 존재이신 주 하느님의 위대하심과 영적 삶에서 복음 말씀이 차지하는 절대적 중요성을 깨닫게 한다.

■ **이콘에 보면 벌거벗은 몸인데 옷을 입은 것처럼 그려진다. 이콘 작가가 그렇게 표현하는 이유는 무엇인가?**

사실, 성스러운 이콘 미술은 옷 입은 육체가 벗은 모습보다 더 정숙하다고 보지 않는다. 이콘 작가는 신체의 부분을 육적으로나 감각적으로 표현하지 않고 나무에 조각된 것처럼, 육체가 없는 것처럼 변형시킨다. 이렇게 해서 가슴이나 배, 손, 다리 또는 전체적인 몸을 지켜보는 사람 마음속에 참회와 독실한 마음을 불러일으킨다. 왜냐하면 "이콘에는 모든 것의 내적인 거룩함과 순결함이 초월적이고 불멸하게" 그려지기 때문이다.(그림 7)

■ **순교자들은 손에 십자가를 쥐고 있는데 무엇을 상징하나?**

순교성인들이 붙들고 있는 십자가는 그들이 순교로 삶을 마감했다는 사실과 죽음도 꺾지 못한 그들의 흔들림 없는 신앙고백을 의미한다.

■ **어떤 성인들은 두루마기를 들고 있는데 무슨 상징인가?**

이 성인들은 우리에게 글로써 큰 가르침을 남겨놓으신 수도자, 성직자, 또는 교회의 저자들로서 교회의 스승으로 여겨지는 분들이다. 그들의 손에 말

그림 7. 절대적 낮추심. 아기온 오로스 성 이비론 수도원, 16세기 상반기

려져 있거나 펼쳐져 있는 두루마기가 그 표시로서 두루마기에는 그분들의 금언이나 가르침의 한 부분이 기록되어 있다.

■ **손바닥을 보인 채 펼쳐진 손은 무슨 상징인가?**

순교 성인들에게 있어 펼쳐진 손은 이교 신앙을 거부했다는 사실을 의미한다. 한편 성모님이나 세례자 요한에게 있어서는 간절한 기원을 표현하는 자세이다.

■ **건물 위에 천이 펼쳐져 있는 모습을 여러 경우에서 볼 수 있는데 무슨 상징인가?**

비잔틴 이콘에서는 눈에 보이지 않는 부분까지 투명하게 드러내는 경향이 있다. 그래서 폐쇄된 공간이나 집안에서 발생한 사건들이 밖으로 묘사된다. 이런 화법은 "구원의 은총이 온 세상으로 흘러 넘침"을 간접적으로 표현하는 것이다. 표현된 구원의 사건들은 온 세상에 빛으로 퍼져간다. 하지만 사건이 일어난 곳이 닫혀있는 곳이라는 것을 상징적으로 나타내기 위해 건물 위에 천을 그려 넣는다.(가나에서의 결혼잔치〈그림 1〉, 성모님의 탄생 그 외).

■ **왜 대천사와 천사들은 사람과 같은 모습으로 묘사되는가?**

대천사는 보제처럼 스티하리오[4]를 두른 인간의 모습으로 그려진다. 한손에는 지팡이를 쥐고 또 다른 손에는 성스러운 문자인 'X'가 새겨진 둥근 원반을 들고 있다.(그림 8) 천사들은 그리스 전통의상의 하나인 가운과 망토를 입은 사람 모습으로 묘사된다. 인간의 모습으로 그려지는 이유는 천사들이 사람들에게 나타났을 때 인간의 모습을 취했기 때문이다.

---

4) **스티하리오**(στιχάριο) : 정교회 예배 때 입는 성직자 제의의 일종.

그림 8. 대천사 가브리엘, 아기온 오로스 성 바토페디우 수도원, 14세기

그러나 헤루빔은 아주 특이한 모습으로 표현된다. 에제키엘 예언자가 환영에서 본 것(에제키엘 1:15)처럼 상호 내통하는 불 바퀴가 수많은 눈을 가지고 4개의 날개를 가진 모습으로 묘사된다. 세라핌도 이사야 예언자의 환영에서 본 것(이사야 6:1)처럼 여섯 날개와 손과 발(때로는 표현되지 않음)을 가진 것으로 표현되고 날개 사이로는 젊은이의 얼굴이 그려진다. 또한 손에는 "거룩하시다, 거룩하시다, 거룩하시다"라는 문구가 적힌 두루마기를 들고 있다. 테살로니키의 성 시메온은 천사들이 가지고 있는 인간적 특성의 상징적 의미를 다음과 같이 설명하고 있다.

"눈꺼풀과 눈썹은 하느님의 심오한 뜻을 지키는 수호자의 상징이다.
젊은이의 모습은 언제나 생동하는 힘의 상징이다.
어깨와 손은 창조성과 활동성을 표현한다.
발은 신속성과 민첩성의 상징이다.
날개는 천상의 존재, 빠르게 비상하는 모습을 표현한다.
가벼운 날개는 세상적인 것과는 일체 무관함을 의미한다.
지팡이는 권위와 지배의 상징이며 하느님 사업의 수행을 의미한다."

■ 모든 천사들은 머리에 띠를 두르고 있는데 특별한 의미가 있는가?

일반적으로 천사들은 머리에 띠를 두르고 어두운 색상의 머리카락을 가진 모습으로 그려진다. 그 띠의 끝자락은 천사의 후광 안에서 휘날리는 모습을 보인다. 테살로니키의 성 시메온은 이 띠를 3가지 의미로 해석하고 있다. 첫째, 천사들 영의 순수함. 둘째, 완전한 순결에 대한 관(冠). 셋째, 천사들의 영이 오직 하느님의 거룩하신 뜻에 집중되어 있음.

■ 비잔틴 이콘에서는 인물들이 얼굴을 2/3만 돌리거나 아니면 정면으로 향해 그려지는데 무슨 이유인가?

이 질문에 대해 에브도키모프는 우리에게 의미 깊고 훌륭한 해석을 해주고 있다. "정면을 바라보는 성인의 모습은 이콘을 지켜보는 사람의 눈과 마주함으로써 친교와 사랑의 결속을 만든다." 정면을 향한 성인은 이콘을 바라보는 사람에게 성인의 내적 상태인 기도의 모습을 전달한다. 정면뿐만 아니라 좌 또는 우로 2/3정도 얼굴이 돌려진 모습으로 그려지기도 하는데 이런 두 가지 표현 방법은 이콘을 향하고 있는 사람의 마음속에 친교와 사랑의 감정을 일으킨다. 이 표현의 진정한 의미는 바로 이콘을 바라보며 기도하는 신자와 이콘에 그려진 성인의 친교이며 기도를 통한 일치이다. 왜냐하면 정교회 이콘은 이콘에 그려진 인물과 이콘을 바라보는 신자 사이의 사랑과 존재론적 결속을 지향점으로 삼고 있기 때문이다.

성모 안식 이콘을 예로 들어보자. 모든 사도들은 성모님을 향해 있으며 눈물을 흘리며 성모님을 바라보고 있다. 동시에 2/3정도로 얼굴이 신자들을 향해있다. 이것은 비잔틴 미술의 세밀한 처리로서 로마 시대의 미술로부터 전승되어온 자세이다.

반대로 사탄이나 죄인들은 반면상으로 그려짐으로서 친교와 사랑을 거부한 그들의 존재론적 부재를 나타낸다.(최후의 만찬과 배반에서의 유다〈그림 5〉와 성모 안식 이콘에서 성모님의 몸을 의심을 품고 만지려고 노력하는 유대인)

■ 하지만 어떤 이콘들에서는 성인들의 모습도 반면상으로 그려지고 있는데 어떻게 설명되는가?

예를 들면 성 사도 토마가 예수님을 만지는 이콘에서 그는 반면상으로 그려진다. 또한 성 게라시모스의 이콘도 사자의 다리에 박힌 가시를 빼줄 때 반면상으로 그려진다. 이런 경우는 특수한 경우들로서 성인들이 무언가에 모든 정신이 집중되어 있음을 의미한다. 성 사도 토마는 놀라움에 사로잡혀 그리스도의 상처 난 옆구리를 만지고 진정한 주님이시자 하느님, 신인이신 예수를 확신하고 있다. 성 게라시모스는 아담의 타락으로 인해 파생된 "함께 신음하며 고통"(로마서 8:22) 받는 모든 피조물에 대한 깊은 사랑에 빠져 사자가 겪는 아픔을 빨리 벗어나게 해주는 데 집중하고 있다.

■ 이콘에는 개인의 개성적 요소가 그려지는가? 아니면 인간의 보편적, 이상적, 초월적 존재가 그려지는가?

이 질문에 대한 대답으로서 스타마티스 스클리리스는 그의 저서 「거울 속에서」에서 비잔틴 이콘은 일반적으로 이상적 인간을 그려내지 않는다고 말한다. 이콘에 그려진 성인들은 획일적인 인간의 모습이 아니라 개개인의 특징적 요소가 지닌 살아있는 존재로 그려진다. 신자는 앞에 있는 이콘의 인물이 살아있는 존재, 구체적인 한 인격임을 느낀다.

■ 비잔틴 이콘에서 빛의 역할은 무엇인가?

전문가들은 비잔틴 이콘의 빛은 현세의 것이 아니라고 설명한다. 그 빛은 "위로부터 내려오고 내면에서 빛나는 빛이다. 평화롭고 안식을 주는 창조되지 않고 영원히 지지 않는 빛이 성령의 은총과 선물처럼 이콘으로부터 흘러나온다."(그림 9)

따라서 "비잔틴 이콘에서의 빛은 자연의 법칙에 따르는 태양과 같은 빛이

그림 9. 글리코필루사 성모님. 베나키 박물관, 16세기

아니다. 그 빛은 밖에서 오는 빛, 하늘의 빛, 거룩한 빛이다. 이 빛은 이콘 속에 있는 모든 것을 적시고 하나로 이어준다. 빛은 성인들의 육신과 하나가 되고, 성령의 친교 속에 있는 성인들의 모습은 밝게 빛난다. 성령의 친교가 있는 곳에서 육체는 영적인 것이 되고 '유형 속에 무형'의, 다시 말해 우리가 부활 후에 영원히 누릴 영적 육체, 영적 상태가 된다.

그려진 인물을 중심으로 비추고 있는 이콘의 빛은 우리가 타락한 이후에 가죽의 옷을 걸친 모습이 아닌 진실되고 참다운 육체를 계시한다. 비잔틴 이콘은 우리에게 단지 변화된 인간의 모습뿐만 아니라 모든 피조물들의 영원성의 모습도 보여준다. 주님께서 다볼산에서 변모하실 때 빛났던 빛, 8번째 날에 영원히 빛날 창조되지 않고 시초 없는 그 빛을 통해 영적으로 변화한 세상, 온 인류를 우리에게 보여준다.

우리가 여기서 주의 깊게 살펴봐야 하는 점은 비잔틴 이콘에서는 얼굴을 중심으로 빛이 비춰지고 뚜렷한 윤곽선 주변 가까이로는 그늘이 지게 그린다는 사실이다. 이런 사실은 비잔틴 이콘이 엄격한 질서 속에 그려짐을 단적으로 보여준다. 왜냐하면 이콘 속의 빛은 자연의 법칙에 구속되지 않기 때문이다. 이런 방법으로 비잔틴 미학은 변함없는 특징을 얻게 되고 자연의 법칙에 강제되지 않는 새로운 존재의 방법을 제시한다. 이콘은 이콘에 표현된 그 빛을 통해 형태와 존재를 창조해내고 구성해낸다. 작가는 빛과 색상을 서로 혼합한다. 실제로 작가는 신체부위, 의상, 건물 등 이콘의 모든 부분에서 어두운 색상에서 점차 밝은 색상으로 나아가면서 점점 빛의 중심층을 향해 덧칠해간다. 그런 반면에 르네상스 미술에서의 이콘은 음영에 의해 만들어진다. 스타마티스 스클리리스는 이런 특징을 다음과 같이 설명하고 있다.

"비잔틴 미술에서 이루어지는 작업은 음영적 창조가 아니라 빛의 창조이다. 즉 긍정적이다. 비잔틴 이콘 작가는 음영지게 그리지 않는다. 다시 말해 작품에 어둠을 덧칠하는 것이 아닌 빛으로 덮고 빛으로 창조한다."

■ **그래서 사탄은 어둡고 움츠린 모습으로 표현되는 것인가?**

사탄은 빛에 참여하지 못하는 존재로 그려진다. 그래서 어둡고 움츠린 모습이다. 즉 이콘에는 빛으로 충만한 존재와 빛에 동참하지 못하고 없어질 운명에 놓인 존재가 구별된다.(그림 10)

비잔틴 미술에서 사탄의 모습은 그리스도나 성인들과 세 가지 면에서 차이점을 보이는데, 첫째는 빛, 둘째는 크기, 셋째는 서방 미술의 흉측한 모습과는 달리 전혀 온전한 형태를 갖추지 못한 모습이 그것이다.

서방 미술에서 사탄의 모습은 무섭고 혐오스럽고 흉측해서 두려움을 자아낸다. 반면에 정교회는 사탄을 혐오스러운 모습보다는 빛에 참여하지 못한 어둡고 움츠린 모습으로 묘사한다.

이외에도 사탄에 대한 서로 다른 표현방식은 사탄의 능력에 대한 서방과 정교회의 신학적 경험적 판단의 차이를 드러내준다. 서방에서의 사탄은 두렵고 강력한 존재로 그려진다. 반면에 정교회에서는 아주 작고 보잘 것 없는 존재로 그려진다. 사탄은 그리스도의 오심 이래 이미 결정적으로 패배했고 힘을 잃어버렸기 때문이다. 하느님의 은총으로 사탄은 이미 '데리고 노는 참새' 같은 존재에 불과하기 때문이다.

또한 사탄이 어둡고 움츠린 모습으로 그려진다는 사실은 정교 신학에서 빛이 얼마나 중요한 역할을 하는지 잘 보여주고 있다. 왜냐하면 하느님은 빛과, 사탄은 어둠과 동일시되기 때문이다.

결론적으로 이콘의 빛은 실존적으로 묘사된 인물의 존재론적 바탕이요, 그것을 이해하기 위한 전제이다. 반면에 서방 미술에서의 빛은 미적 도구로서 대상을 아름답게 꾸미는 역할에 머문다. 따라서 우리는 다음과 같이 말할 수

그림 10. 그리스도를 유혹, 메가로 메테오로, 1552

있을 것이다. 이콘 속에 있는 "모든 것은 이 빛과의 관계를 통해 이루어지고 이 빛과 관계없이 이루어진 것은 단 하나도 없다."

■ 이콘 바탕이 금색으로 된 것은 이 빛과 관계가 있는 것인가? 그리고 그것은 무엇을 상징하나?

"이콘의 금색 부분은 시공을 하나로 형성하고 모든 것을 밝혀주는 영적 빛을 상징한다." 또 다른 해석에 따르면 성인들이 살고 있는 천국을 상징한다. 에브도키모프는 성인들을 감싸고 있는 금색 부분을 다음과 같이 설명하고 있다.

"무게와 부피는 사라지고 신성한 에너지 광선처럼 육신을 영으로 만든다. 지상의 인간들은 날아갈듯 가벼운 존재가 된다. 육체는 신성의 빛 속에 깊이 스며든 것처럼 보인다. 그곳은 성인이 거하는 성삼위의 공간으로 대체되고 하늘의 타오르는 성령의 빛의 공간이 된다."

■ 왜 성인들의 얼굴에는 후광이 그려져 있는가? 또 그것의 의미는 무엇인가?

후광은 4세기 이후에 나타난 일반적 현상이다. 그것은 그려진 인물의 '빛나는 영광'을 의미한다. 하느님과의 긴밀한 관계 속에서 살아가는 사람에게 충만하게 흐르는 하느님의 빛을 상징한다. 후광이 성인의 머리 부분을 감싸고 있는 이유는 머리가 영혼, 생각, 사고의 중심이기 때문이다. 후광에는 여러 종류의 색상들, 빨간색, 녹색, 남색 등 여러 가지가 사용되지만 일반적으로 황금색이나 노란색이 주를 이룬다.

비잔틴 미술에서 후광은 빛을 발하는 구의 단면처럼 그려진다. 다만 주 예수 그리스도의 후광 안에만 십자가 모양이 있고 "스스로 존재하는 분"이라는 뜻을 가진 그리스 문자 "O ΩN(오 온)"이 새겨진다. "O ΩN"(희랍어로 된 구약인 70인역의 출애굽기 3:14)은 하느님께서 호렙산에서 하느님의 이름을 묻는 모세에게 직접 알려주신 이름으로 "나는 곧 나다"(출애굽기 3:14)라고 번역된다. 이 이름은 진정 하느님만이 스스로 존재하시고, 생명의 원천이시며 십자가의 죽음으로도 결코 멈출 수 없는 생명임을 의미한다.

■ **비잔틴 이콘에서의 원근법은 항상 원칙인 것은 아니다. 또 어떤 경우에는 삼 면을 구분할 수 있기도 하고 그렇지 않기도 한데 어떻게 설명할 수 있나?**

비잔틴 미술에서의 원근법은 자유롭다. 인물이나 사물 크기는 원근의 거리에 비례하지 않고 오히려 그것의 중요성에 따라 달리 표현된다.

에브도키모프는 "세상 미술은 시각 법칙에 구애받는다. 그것은 다름아닌 타락, 외형, 분리라는 법칙이다. 이콘 작가들도 이런 세상적 규칙을 잘 알고 있지만 그들은 이런 규칙을 기준으로 삼지 않는다. 그들의 규칙은 눈에 비춰지는 세상적 사실과는 동떨어져있다"고 말한다.

역원근법을 적용한 이콘들도 있다. 이런 이콘 속의 인물들은 오히려 이콘을 보는 사람을 향해 전진해 나온다. 왜냐하면 "역원근법의 시발은 이콘을 바라보는 사람의 마음속"이기 때문이다.(그림 11)

이콘의 공간은 르네상스 미술과는 다르다. 르네상스에서는 그려진 대상들이 동일각으로 나타난다. 이런 관점에서 볼 때 제일 앞에 그려진 대상들은 그 뒤에 그려져 있는 또 다른 대상을 가리게 된다. 반면에 비잔틴 미술에서는 그려진 대상이 여러 각도에서 즉 위에서 아래서 옆에서 동시에 바라보고 있는 것처럼 나열된다. 그리스도의 세례 이콘을 예로 들면 산들은 위에서 내려다

그림 11. 주님의 세례, 아기온 오로스 성 스타브로니키타 수도원, 1546

보는 모습으로 그려지며 그 정상들은 이콘을 바라보는 사람을 향한다. 그리고 두 번째 줄의 천사들은 첫줄의 천사들에 의해 가려지지 않은 채 약간 위에 그려진다. 또한 강은 흐르는 모습이 아닌 일어서있는 모습으로 그려진다.

이런 공간 활용은 자연 법칙을 뛰어넘는 '비잔틴 미술의 영적 법칙'에 순응한 결과이다. 공간은 변형된다. 공간의 의미는 자연 법칙 적용으로부터 자유롭다. 이미 밝힌 바와 같이 역원근법은 자주 발생하고 때로는 규칙적이다. 따라서 본질적으로 자유롭다. 그려진 인물은 공간의 핵심 축과 중심이 되어 공간을 지배한다. 즉 중요성, 가치가 판단의 척도다. 좀 더 올바르게 표현한다면 그것은 일종의 '영적 관점'이라 할 것이다. 왜냐하면 이콘 속에서의 대상의 모습이나 크기는 영적인 관점에서 조명되고 결정되기 때문이다.

이콘에서 이러한 공간 변형은 왜곡이 아니라 변화된 모습을 표현하기 위함이다. 따라서 비잔틴 이콘에서의 공간은 빛나고 영화롭다. 그것은 성령의 은총으로 새로워지고 재탄생하게 될 우주의 공간적 표현이다.

이미 밝혔듯이 빛의 직선적 투영은 의무적으로 강제되지 않는다. 그려진 인물들의 뒷면에는 음영이 형성되지 않는다. 질량감을 드러내지 않음으로써 – 왜냐하면 질량의 법칙은 초월되기 때문이다. – 대상들의 부피감과 유연성은 최소화되고 무게감은 느껴지지 않는 결과를 얻는다. 대상의 크기는 그 가치의 중요성에 대한 판단을 따른다.

그리스도 탄생 이콘(그림 13)을 예로 들면 성모님은 전체적인 구도의 한 중심에 크게 그려진다. 그 이유는 '하느님-말씀'(하느님이신 말씀)께서 육화하시는 엄청난 사건에서 지대한 역할과 공헌을 하신 영광스런 인물이기 때문이다. 따라서 이콘의 전체적 구도 속에서 성모님은 크게 강조된다. 또한 원근법의 규칙이나 요구에 얽매이지 않고 중요성과 가치의 관점에서 모든 것이 배치된다.

■ 오순절 이콘에서는 사도 베드로와 사도 바울로가 사도들 한 가운데에 그려져 있는데 잘 알다시피 사도 바울로는 역사적으로 그 자리에 없었다. 그렇다면 비잔틴 미술에서는 시간도 역시 변형되는가?

비잔틴 미술에서 시간은 다양해지고 변형되며 초월된다. 그 시간은 기능적이다. 과거-현재-미래가 동시에 하나로 연결된다. 하느님의 섭리의 사건들과 인물들은 시간을 초월해서 나란히 표현된다. 이콘 세계에서는 과거가 존재하지 않는다. 즉, "이콘에서 현재는 과거와 미래로부터의 분리가 아니라 이를 하나로 일치시키는 기능적인 힘으로 표현된다." 이콘에서의 시간은 인류 구원 사건 속의 인물의 역할과 의미에 따라 그 기능이 결정된다. 많은 경우에 시차적으로 서로 멀리 떨어져 있는 사건임에도 불구하고 사상이나 교리 또는 사건의 깊은 의미와 뜻을 강조하거나 표현하기 위해 하나로 연결되어 나타난다.

오순절 이콘은 제자들에게 성령이 불혀처럼 내려왔던 다락방을 그리고 있다. 그 이콘을 자세히 살펴보면 뭔가 빠져있음을 알 수 있다.(그림 12)

이미 주지하고 있듯이, 당시 다락방에는 120명의 사람들이 모여 있었고 주님의 어머니인 성모님도 계셨다. 그러나 이콘에는 단 12명의 인물만 그려져 있다. 그것도 첫 번째 사도의 자리에 역사적으로는 그곳에 없었던 사도 바울로가 사도 베드로와 함께 있다. 하지만 그 시간에 사도 바울로가 그 자리에 없었다는 것이 그리 중요한 의미를 갖고 있지 않다. 왜냐하면 이미 교회는 사도 바울로를 사도 베드로와 함께 사도들의 첫 번째 자리에 놓고 있었기 때문이다. 게다가 오순절은 교회에 역사적으로 일회적인 어떤 순간이 아니다. 오순절은 성령이 강림한 역사적 그날로부터 오늘날까지 지속되어 오고 있다. 오순절은 교회 안에서 지속적이며 끝이 없는 성령의 현존을 의미하기 때문이다.

그림 12. 오순절. 아기온 오로스 성 스타브로니키타 수도원, 1546

따라서 기능적으로 고려된 시간, 오순절의 완전한 의미와 본질, 교회 안에서의 성령의 지속적 현존, 우리와 함께 영원히 계시는 위로자 성령을 체감적으로 표현하기 위해서 이콘은 다락방에서의 사건, 하나의 역사적 사건을 변형시킨다. 다시 말하면 시간은 자연적 특성을 잃고 영적 법칙에 순응하는 유연하면서도 순종적인 것으로 바뀐다.

마찬가지로 그리스도 탄생 이콘에서도 시간은 많이 변형된다. 시공간적으로 서로 멀리 떨어져 있는 다른 사건들이 하나의 이콘 속에 동시적으로 묘사되고, 그렇게 해서 '오늘' 속에 종합되고 일치된다.(그림 13)

그러면, 그리스도의 탄생 이콘에서 시간이 어떻게 기능적으로 구성되는지 살펴보자.

- 중심에는 신생아가 있는 어두운 동굴이 있다.
- 동굴 밖에는 성모님이 비스듬히 누워있거나 앉아 있는 혹은 무릎 꿇은 자세로 그려진다.
- 이콘의 왼쪽 구석에는 수많은 천사들이 "높은 곳에서는 하느님께 영광, 땅에서는 평화, 사람들에게는 사랑"이라고 찬양하고 있다.
- 오른쪽 부분에는 목자에게 복음을 전하는 모습과 한 목동이 피리 부는 장면을 볼 수 있다.
- 이콘 중간쯤에는 선물을 가지고 가는 세 명의 동방박사 모습이 있다.
- 왼쪽 아래 부분에는 성모님의 약혼자인 요셉이 상념에 잠긴 듯한 모습을 하고 있다. 반면에 오른쪽에는 어린 예수님을 목욕시키는 장면이 있다.
- 동굴 위쪽에서는 별이 빛난다.
- 동물들, 소와 나귀가 그리스도의 구유를 향해 목을 숙이고 있다.

■ 그리스도 탄생 이콘에서 이렇게 많은 그림들이 그려지는 이유는 무엇인가? 그리고 이런 동시적인 묘사에는 어떤 사상이 들어있는가?

그리스도의 탄생 이콘에는, 이미 말한바와 같이, 많은 장면의 그림이 들어 있다. 시공이 서로 다른 사건들이 함께 그려지기 때문이다. 이 방법을 통해 이콘 작가는 "제한된 시공간을 뛰어넘어 그리스도 안에서 변화되는 예배적-종말론적 시공간으로 향해 나아간다." 하느님 섭리 안에 있는 모든 사건들은 교회 안에서 지속되는 현재이다. "오늘 주관자께서 아기로 태어나신다. 오늘 성모님으로부터 태어나신다... " 시간은 과거, 현재, 미래로 계산되지 않는다. 교회는 하느님의 육화하심의 사건을 지속되는 현재로 경험하며 산다. 물론 그리스도는 어떤 특정한 시간 속에서 태어나셨다. 하지만 그분은 시초 없으신 우리 하느님으로서 매일 우리 마음속에 태어나시고 성장하시고 강건해지신다.

■ 그리스도 탄생 이콘에서 어두운 동굴은 무엇을 상징하는가?

교부들은 여러 가지 해석을 내놓았다. 정의의 태양이신 그리스도께서 아직 세상에 떠오르시기 전 백성들이 영적 어둠에 놓여 있던 상태를 상징한다고 말하기도 하고, '신성을 지니신 빛'으로 태어나신 임금께서 분쇄할 지옥과 죽음을 상징한다고도 했다. 또한 그리스도의 무덤을 의미한다고도 했다. 그리고 그리스도의 저승에 내려가심과 부활, 저승의 암흑을 관통하고 땅속에서 하늘까지 모든 피조물에게 펼쳐질 빛을 예시하기도 한다. 또한 그리스도의 포대기는 부활을 예견하는 빈 무덤의 수의를 상기시킨다.

■ 약혼자 요셉이 서방 이콘에서 또는 성탄카드에서 성모님 곁에 있는 반면 비잔틴 미술에서는 따로 아래 부분에 그려져 있는 이유는 무엇인가?

그림 13. 그리스도의 탄생. 아기온 오로스 성 바토페디우 수도원, 14세기

비잔틴 이콘은 신학적 의미를 투영한다. 동정녀는 성령의 은총으로 그리스도를 잉태하였다. 약혼자 요셉은 예수님의 아버지가 아니다. 따라서 예수님의 육화에 요셉의 동참이 없었음을 보여주기 위한 표현이다. 그래서 요셉은 그리스도 탄생 이콘에서 아래 부분에 멀찌감치 떨어져 있는 반면 성모님은 어린 예수와 함께 구유 옆에 계시는 것이다.

■ **서방미술은 많은 음영과 아름다움을 사용하는 훨씬 인간적인 묘사를 추구하는 반면 비잔틴 이콘의 표현은 그렇지 않아 어린이에게 난해할 것 같은데?**

비잔틴 미술은 오히려 어린이 영혼에 더욱 적합하다. 그 이유에 대해 이콘 작가인 스타마티 스클리리스는 다음과 같이 설명하고 있다.

르네상스 미술은 본질적으로 비잔틴 미술과 차이가 있다. 서방-르네상스 미술은 사물의 현상을 표현한다. 반면에 비잔틴 미술은 사물의 본질을 규명한다. 이미 우리가 살펴본 바와 같이 서방 미술작품에서는 시각 법칙에 따라 사물이 표현된다. 따라서 서방 미술화법의 작품에서는 사물의 위치에 따라 어떤 사물들은 뚜렷한 반면 어떤 것들은 흐릿하게 그려진다. 만약 앞줄에 위치하면 전체가 보이지만 뒤에 있는 것은 가려져 부분적으로만 보이거나 혹은 그림자만 표현되거나 아예 감춰진다. 르네상스 작품에서 어떤 사물은 지나치게 강조되고 또 다른 사물들은 지나치게 낮게 평가된다. 만약 전체를 강조하면 부분적인 것이 약해지고 부분을 강조하면 전체적인 것이 약해진다.

한 예를 들어보자. 어떤 르네상스 작품이 그 작품의 전체 구도 속에 나무 한 그루를 그린다고 하자. 작품의 전체를 온전히 보여주기 위해 이 나무는 아주 멀리 그려지거나 빛이 없는 공간에 실루엣만 드러나게 해서 겨우 나무라는 사실만을 알려준다. 하지만 때로는 전체적 구도 속에서 부분을 강조하기

그림 13-1. 굽은 도로, 보스톤 미술관, 폴 세잔

위해서 나뭇가지를 크게 그릴 수도 있다. 그러면 잎은 크고 분명하게 그려져 그림 속의 나무가 어떤 종류의 나무인지 알수 있게 된다. 하지만 그 나무의 몸통인 전체는 드러나지 않는다.

이렇게 르네상스 미술에서는 요소들이 서로 상반되고 대립된다. 전체를 강조하면 부분이 약화되고 부분을 강조하면 전체가 약화된다는 것이다.(그림 13-1) 르네상스의 작가는 잎을 자세하게 표현하기 위해 나무를 약화시킬 수밖에 없다는 것이다. 더 나아가 피카소를 비롯한 많은 현대 작가들은 잎의 좀 더 세밀한 부분을 표현하기 위해 잎조차도 약화시킨다.

그러나 비잔틴 미술에서는 전체와 부분은 상반되지 않는다. 표현된 모든 대상은 그만의 가치를 지니고 있다. 예를 들면 바이포로스(Βαϊφορος)의 그림에 있는 나무를 살펴보자. 우리는 거기서 나무가 명확하게 묘사되는 것을 볼

2. 이콘의 "의미론"과 미학적 접근 57

수 있다. 그 어느 것도 빛과 음영에 의해 약화되지 않는다. 왜냐하면 시각의 법칙이 적용되지 않기 때문이다. 여기에는 전체(나무)와 부분(잎과 열매 등)이 똑같은 가치를 가지며 서로간에 평화로운 조화를 이룬다.

그런데 르네상스와 비잔틴 미술의 차이는 또한 심리학적 결과이기도 하다. 우리는 비잔틴 미술은 빛의 창조이고 서방미술은 그늘의 창조라고 하였다. 서방 미술은 우리에게 빛과 어둠이 동일한 가치를 지니고 있음을 말해준다. 즉 이 양극은 처음부터 선과 악에 대응하는 것으로 설명된다. 반면에 비잔틴 미술은 주로 빛에 대한 긍정적 자세를 견지함으로써 도덕적 선을 취한다.

만약 지금 한 어린이에게 나무를 그리게 한다면 아마도 자연스럽게 비잔틴 미술의 화법을 따를 것이다. 개개의 나뭇잎, 열매가 달려있는 나무를 그릴 것이라는 말이다. 서방 미술은 중요한 요소들을 서로 단절, 분리시킴으로써 갈등하게 하는 반면 어린이는 이와 달리 선천적으로 일치의 감성을 가지고 있기 때문이다. 즉 어린이는 집이나 나무들을 부분적으로만 드러내고 나머지는 보이지 않게 감추어 놓는 이런 구도를 생각하지 못한다. 비잔틴 미술처럼 어린이의 그림에서도 모든 것이 보여지고 모든 것이 나열된다. 모든 잎은 나무 위에 있고 바닥에 떨어진 것은 하나도 없는 것이다.

마찬가지로 어린이는 시각이나 원근법의 법칙에 구애받지 않는다. 만약 그의 가족을 그리라고 한다면 그는 아버지를 좀 더 크게 그리고 어머니는 그보다 좀 더 작게 그리고 어린이는 더 작게 그릴 것이다. 즉 비잔틴 미술처럼 중요도나 가치적인 면에서 그림을 그리는 것이다. 우리는 이미 그리스도 탄생 이콘에서의 성모님과 오순절 이콘에서의 사도 바울로와 베드로의 경우를 통해 주된 인물이 크게 그려지고 중요한 자리에 배치되는 것을 보았다. 영적 관점에 따라 또 그 중요도에 따라 달라진다는 것이다. 이처럼 어린이에게는 비잔틴 미술이 너무 익숙하고 잘 어울린다. 왜냐하면 비잔틴 미술이 전체와 부분으로 나뉘는 반목이나 빛과 그림자의 갈등을 야기하지 않고 오히려 어린이의 마음속에 있는 것을 표현할 수 있도록 도와주기 때문이다.

어린이와 비잔틴의 그림에서 일치하는 또 다른 점이 있는데 그것은 보이지 않는 것을 표현한다는 점이다. 비잔틴 이콘은 보이는 것만이 아니라 보이지 않는 것도 묘사한다. 예를 들면, 복음서에 나오는 중풍병자 치유 사건을 묘사한 이콘에서 집 안에서 일어나는 모든 일들은 마치 집 밖에서 일어나는 것처럼 그려진다. 비잔틴 미술은 밖에서 일어나는 것처럼 표현하거나 또는 벽이 투명하게 보이도록 하는 이런 해결 방법을 통해 모든 것이 노출되게 한다.

어린이도 이와 똑같은 방법으로 그림을 그린다. 보이지 않는 것을 표현하는 것은 어린이에게 아주 자연스런 일이다. 왜냐하면 어린이는 마음속에 전체적 세상을 가지고 있기 때문이다. 그 관조는 시각의 법칙에 구애되지 않는다. 따라서 어린이에게 자기 집을 그리라 한다면 그 아이는 집안이 보이게끔 그릴 것이다. 사람들, 가구들, 꽃 등이 다 노출된다. 벽은 그 모습을 방해하지 못한다.(그림 14) 또한 그에게 바다를 그리라고 한다면 그 아이는 비잔틴 미술에서 하는 것처럼(그림 11, 그리스도의 세례) 바다 속의 물고기도 그려 모

그림 14. 할머니와 손녀. 초등학교 1학년

든 것이 다 보이게 할 것이다.

이렇듯 비잔틴 화법은 어린이에게 아주 친숙하고 또 어린이에게 갈등을 일으키지도 않으며, 오히려 그를 비잔틴 화법이 지니고 있는 감춰진 메시지로 고양되게 한다. 그 메시지는 모든 피조물은 하느님의 선물이고 좋은 것이라는 것이다. 또한 피조물 각각은 상호 친밀하여 전체와 부분, 평화와 조화가 그들의 공존 속에서 흘러넘친다. 이를 통해 어린이 영혼 속에 하느님 영광의 체험이 신비스럽게 스며들게 된다는 것이다.

■ 많은 사람들이 비잔틴 미술보다 서방 미술이 더 아름답다고 여기는데 비교가 가능한가?

서방 미술의 이콘은 비잔틴 이콘보다 더 아름답다고 말할 수 있다. 왜냐하면 감성의 범주로서의 미는 비잔틴 이콘보다 서방 이콘에 더 특징적인 것이기 때문이다. 그러나 이 두 전통에서 미가 표현되는 방식은 서로 다르다. 비잔틴 미술은 영적 형태를 가지고 있으며 성령의 역사가 함께 해왔다. 많은 사람들이 비잔틴 이콘의 '지고의 아름다움'을 감성의 범주로 편입시키려 하지만 감성의 범주는 비잔틴 미술이 가지고 있는 종교적 특징을 표현하지 못한다. 요한 브라노스는 비잔틴 미술이 신실하고 독특한 형태를 가지고 있다는 점에서 이를 '영적인 미'의 범주에 포함시켰다. 이렇듯 신자는 이런 이콘 작품을 지켜보면서 "물질이 본질의 변화를 가져와 불멸을 입은 것" 같은 느낌을 받는다.

또한 정교 비잔틴 이콘은 타락 이전의 아름다움, 낙원에서 누린 최초의 아름다움을 보여준다. 야니스는 그의 박사 논문「교육적 이콘」에서 다음과 같이 말하였다.

"모든 정교회 이콘에서는 감성적 미 외에도 거룩함의 미가 드러난다. 아직도 땅과 하늘에 메아리치는 시초의 아름다움인 낙원의 아름다움, 어린이의 해맑은 미소, 그리고 세상의 아름다움이 드러난다. 이콘의 아름다움 속에서 생명과 진정한 아름다움을 주시는 성령의 창조적 현존을 느낄 수 있다."

이콘의 아름다움은 또 다른 면을 가지고 있다. 그것은 이콘을 바라보는 자들의 영혼을 교육하고 이끌어 준다는 점에서 그러하다.

"이콘의 아름다움은 단지 바라보는 사람들에게 오감으로 초월적 아름다움을 만끽하도록 해줄 뿐만 아니라 그들의 영혼도 일깨워주고 교육한다는 점에 있다. 왜냐하면 하느님은 지고지순하고 영원하고 절대적인 아름다움이기 때문이다. 이렇게 우리는 이콘에서 감성적 아름다움과 더불어 영적인 아름다움을 만난다. 그리고 그 아름다움은 다름 아닌 사랑의 아름다움, 하느님의 아름다움이다."

"정교 이콘은 당신을 지적인 이해로 이끌고 계시하는 것만이 아니라, 형언할 수 없는 진정한 아름다움이신 하느님과의 참된 친교를 나누도록 초대한다. 오직 가슴으로 진정한 친교를 하는 사람만이 개인적 변화 즉 성자 그리스도의 모습으로 변화될 수 있음을 보증받는다."

반대로 서방에서의 아름다움은 외형적인 옷처럼, 이콘들은 장식처럼 사용된다. 원근과 빛과 음영으로 이루어진 시각적 화법을 도입함으로써 초월적 아름다움을 간과한다. 서방 미술은 14세기경에 세속화된다. 인물들은 물론 천사들조차 피와 살로 이루어진 완전히 실존적 개체로서 그려지고 세상 사람들처럼 의상을 입고 행동한다.

3. 성당의 이콘들

■ 높이 치솟은 둥근 돔 형태를 갖고 있는 정교회 성당의 아치와 측랑 등에는 특정한 질서에 따라 이콘들이 그려져 있는데 이콘의 주된 주제는 무엇인가?

먼저 요한 크리스소톰 성인은 "성당은 지상에 있는 하늘로서 하느님께서 이곳에 거하시고 거니신다"고 하였다. 또한 에브도키모프는 "성당은 무한한 우주와 같다. 높이 치솟은 돔은 하늘 중의 하늘을 의미한다. 아치의 네 모서리는 세상의 동서남북을 표현한다. 돔의 원형은 모든 인간을 하나의 몸으로 모은다. 그리고 돔 아래에 있는 우리는 보호받고 구원받은 느낌을 갖는다"라고 말하였다. 결론적으로 성당은 하느님의 집, 하늘의 문이다. 본당은 지상의 형상($εἰκόνα$)이며 지성소는 하늘의 형상($εἰκόνα$)이다.

성당은 또한 성찬예배가 거행되는 장소로서 우리는 "성삼위 하느님과 성인들의 현존 앞에 있는데" 성당의 이콘은 그 현존을 드러내는 데 주된 기여를 한다. 왜냐하면 "지식인들에게 책이 있다면 문맹인들에게 이콘이 있고 말씀이 귀와 관계있다면 눈에는 이콘이 있기 때문"(성 요한 크리소스톰)이다.

황금빛의 돔을 이고 있는 성당은 세상에 내려온 하늘을 닮았다. 이 돔 안쪽 면에 그려지는 이콘들은 우리 안에 있는 세상적이고 이기적 마음을 몰아내고 참된 경건심과 하느님 영광으로 우리를 인도한다. 다마스커스의 성 요한은 다음과 같이 말씀하셨다.

"가시덤불에 둘러싸여 있는 것처럼 온갖 생각에 숨이 막혀버린 영혼을 치유하기 위해 영혼의 병원인 성당에 들어서면 이콘의 아름다움이 나를 사로잡고 끌어당겨 나도 모르게 내 영혼은 하느님께 영광을 올린다. 순교자들이 보여준 인내와 그들이 그 인내의 댓가로 보상받은 영광의 관을 눈으로 보면 열정이 불처럼 나를 태워 하느님 앞에 무릎 꿇게 되고 그분들을 통하여 하느님께 영광과 경배를 드림으로써 나는 구원을 얻는다."

정교 성당에 그려져 있는 이콘들은 그리스도, 성모님, 성인들과 그분들의 생애에 관한 것들이다. 이콘들을 주제별로 크게 구분해 보면 교리 이콘, 예배 이콘, 그리고 축일 혹은 역사적 이콘으로 나눠볼 수 있다. 세 범주로 구분하여 성당의 이콘들을 살펴보자.

교리 이콘

교리 이콘의 주제는 크게 세 가지로 요약되는데 성당의 입구, 돔, 그리고 지성소의 반구형 벽면에 그려지는 이콘들이다. 성당 입구인 '임금의 문'에서 스승이요 주님이신 예수님이 신자들을 맞이하신다. 이 이콘에서 주님은 정면을 바라보는 반신상으로 그려지고 오른손으로는 축복하시고 왼손으로는 펼쳐진 복음경을 들고 계신다. 그 복음경에는 "나는 문이다" 또는 "나는 세상의 빛이다" 혹은 "나는 진리요 생명이다"라는 말씀이 적혀있다. 콘스탄티노플에 있는 성 소피아 성당 모자이크(9세기)와 레바디아의 성 루가 성당 모자이크(11세기)에서 이 같은 묘사를 찾아볼 수 있다.

성당 입구에 그려져 있는 그리스도는 주로 부드럽고 친밀한 모습으로 신자들을 맞이하신다. 그분의 눈빛은 낙원에서 쫓겨난 인간을 위해 스스로 당신 자신을 비우신 분이요, "누구든지 나를 통해 들어오면 구원받을 것이다"라고 말씀하신 것처럼 문이요, 길이요, 진리요, 생명이심을 느끼게 해준다.(그림 15)

교리 이콘의 두 번째 부분은 돔이다. 테살로니키의 성 시메온에 따르면 돔은 하늘을 표현한다. 그 돔에는 만물의 주관자이신 그리스도가 승리자의 위엄을 갖춘 모습으로 그려진다. 그 모습은 위엄이 있고 진지하고 근엄하다. 하지만 동시에 자애로우심이 아치형 채광창을 통해 들어오는 부드러운 빛에 의해 반사된다. 주로 반신상이며 엄청난 규모로 돔의 중심을 차지하고 크고 생동하는 눈빛으로 세상을 내려다보고 계신다.(그림 16)

전문가들은 그분의 눈은 오른쪽도 왼쪽도 향하지 않고 정면으로 각 신자들을 내려다보고 계신다고 강조한다. 그 눈빛은 근엄하다. 왜냐하면 돔에 그려진 만물의 주관자는 창조주와 구세주 그리고 준엄한 심판관의 의미를 지니고 있기 때문이다. 물론 이콘 작가들은 만물의 주관자이신 그리스도가 지니고 있는 세 가지 신학적 면을 다 표현하지 못해 때로는 아주 엄격한 분처럼 또 어떤 때는 아주 부드러운 분처럼 그려낸다. 만물의 주관자의 위엄스런 모습은 어느 곳에서든지 하느님의 현존을 느끼게 한다.

돔 한가운데 계시는 만물의 주관자는 천사와 예언자들로 둘러싸인다. 어떤 경우에는 교회를 위해 기도하는 성모님과 세례자 요한이 그려지기도 한다. 아마도 이것은 궁중 미술의 영향을 받은 것으로 보인다. 왜냐하면 궁중 미술에서도 황제를 그릴 때 그 주변에 장군들과 장교들이 둘러싸고 있는 모양으로 그리곤 했었기 때문이다. 이처럼 만물의 주관자가 그려질 때도 에제키엘 예언자가 환영에서 본 "활활 타는 숯불 같은 모습"(에제키엘 1:13)의 불바퀴와 많은 눈을 가진 케루빔, 여섯 날개의 세라핌에 둘러싸여 호위 받는 모습으

그림 15. 성당 초입. 메가로 메테오로, 1552

그림 16. 만물의 주관자. 아기온 오로스 성 스타브로니키타 수도원, 1546

로 묘사된다.

돔의 채광창 아래에는 주님의 오심을 예언하고 그분의 길을 미리 준비했던 예언자들이 그려진다. 그리고 돔의 끝부분에 해당하는 네 모서리 귀퉁이에는 네 명의 복음사도들이 그들의 복음경과 함께 그려진다. 왜냐하면 그들은 복음경 저술과 전도로 구세주의 가르침을 온 세상에 전파하였기 때문이다. 또한 돔을 지탱하는 네 귀퉁이에 네 명의 복음사도가 그려지는 것은 교회가 바로 하느님의 이 계시 말씀, 즉 복음경에 담겨있는 보물 같은 구원의 말씀이라는 든든한 기둥에 의해 떠받쳐지고 있음을 의미한다.

교리 이콘의 세 번째 부분은 지성소 반구벽면이다. 그곳에는 기도하는 성모님이나 '아기를 품에 안고 옥좌에 앉아계시는 성모님' - 플라티테라[5] - 이콘이 그려진다. 반구벽면의 1/4부분은 성당의 건축구조 상 하늘을 상징하는 돔과 신자들이 거하고 있는 본당의 중간 부분으로서, 그곳에 '기도하는 성모님' 또는 '플라티테라'를 그려서 하늘과 땅이 다시 연결되는 것과 같은 강한 느낌을 우리에게 전달한다. 결과적으로 성모님은 하늘과 땅의 중간에 계시는 분으로 묘사된다. 왜냐하면 그분은 우리 구원을 위해 중보하시는 분이고 위와 아래를 서로 만나게 해주는 분이시기 때문이다.(그림 17)

'기도하는 성모님'은 교회처럼 성모님도 중보자의 역할을 하시는 분임을 보여준다. 그리고 '아기를 안으신 성모님'은 하느님의 육화에서 성모님이 담당하신 역할을 표현한다. 하지만 기도하는 성모님이나 아기를 안으신 성모님에서 성모님은 그 역할에 관계없이 신자들에게 길을 제시하시고 인도하시며, 우리 모든 신자들을 감사의 성사에서 다시금 하나로 연합시켜주시며, 보호막으로 온 세상을 감싸 보호하시는 분으로 나타난다.

팔라마의 성 그레고리오스의 문헌에서도 기도하는 성모님이 기도의 봉사자, 중보의 은사자로 묘사되고 있음을 찾아 볼 수 있는데 그 이유는 "승리 교회의 서막인 하느님 어머니의 공헌 없이 그 어떤 선물도 교회에 받아들여진 적이 없기 때문이다."

따라서 기도하기 위해 성당에 들어서는 신자들의 눈은 제일 먼저 '문'이신 그리스도가 계시는 입구에 멈춘다. 그런 다음 만물의 주관자가 계시는 돔과 이어서 플라티테라가 그려져 있는 지성소의 반구벽면을 향하게 된다. 이렇

---

[5] 플라티테라(Πλατυτέρα) : 더 넓다는 의미로, 만물을 창조하신 주님을 당신의 태속에 담음으로써 우주보다 더 넓으신분이 되심을 의미

그림 17. 플라티테라. 요아니나 섬의 필안트로피논 수도원, 16세기

게 해서 성당에 들어오는 영혼은 경건해지고 시공을 초월하는 영원한 느낌에 젖어들며 이콘을 통해 교리적 가르침을 받아들인다. 그래서 비록 이 지상에서 살고 있지만 하늘의 왕국에 사는 것처럼 정교회 성당은 신자들에게 그 왕국을 보여준다.

예배 이콘

두 번째는 예배 이콘이다. 이 이콘은 성당의 지성소에 그려진다. 이 이콘에는 성찬예배에 대한 표현이 포함된다. 성찬예배의 표현에는 사도들이 영성체하는 모습이나 천사들이 예배하는 모습도 그려진다.

성찬예배는 플라티테라 아랫 부분에 위치한 지성소의 반구형 벽면에 그려진다. 사도들의 영성체 모습(그림 17)에서 그리스도는 제단의 양쪽에서 다가오는 사도들에게 한쪽에서는 당신의 몸을, 또 다른 한쪽에서는 당신의 피를 나눠주시는 모습으로 표현된다. 주님의 왼편과 오른편에는 천사가 빛을 밝히는 초를 들고 있는 모습이 그려진다.

천사들의 예배는 승리의 교회(천상의 교회)에서 천사들이 거행하는 성찬예배를 표현한다. 거룩한 봉헌물은 천사들의 행렬에 의해 옮겨진다. 그들은 보제처럼 제의를 입고 그 선물을 대사제이신 우리 주 예수 그리스도의 손에 전달한다. 주님께서는 "당신 자신을 제물로서 바치시고 받으시며, 제공하시고 제공받으시며, 당신 자신을 예배하신다."(그림 18)

그리스도께서는 천사들의 호위를 받으시며 지성소에 들어오신다. 그분의 거룩한 손에는 온 인류와 우리의 생명의 양식이 들려져 있고, 그분은 당신 자신의 생명을 우리에게 주신다. "그리스도의 이 희생으로 말미암아 모든 이콘과 성당, 온 인류의 생명, 전 우주의 축복이 흘러나온다."

지성소 반구형 벽면 아래 부분에는 성찬 예배서를 집필하셨던 교부들이 그려져 있다. 그래서 그분들의 손에는 성찬예배 일부내용이 인용된 두루마기가 들려져 있다.(그림 17)

지성소에는 위의 교부들과 함께 보제들, 첫 순교자 스테파노스, 로마노스, 에프플로스, 프로코로스, 니카노르, 라브렌디오스 등이 그려진다. 또한 예비 제단에는 무덤 안에서 허리 양쪽에 수난의 상징을 지닌 채 거룩한 손이 묶인 그리스도의 모습이 그려진다. 지성소 옆의 성물실에는 천사들, 예언자들, 대사제 멜키세덱 등이 그려지고 아브라함과 아벨, 멜키세덱과 아론의 제물이

과월절 희생양이 되실 예수 그리스도의 예시로 그려진다. 그 외에도 반구면의 아치 윗부분에 옥좌의 계시적 장면이 묘사된다. 이 장면에는 수난의 상징들과 거룩한 복음경이 놓여있는 장식된 옥좌와 그 옥좌 위로 비둘기 한 마리가 날고 있는 모습이 묘사된다. 어떤 경우에는 이 이콘 대신에 그리스도 승천 이콘이 그려진다.

축일-역사적 이콘

세 번째 범주는 축일-역사적 이콘이다. 축일 범주에 속한 이콘이라 하면 교회력의 큰 축일과 연관되는 주제 및 인물 이콘을 의미한다. 축일 이콘은 십자가형태의 비잔틴 성당에서 네 부분의 아치 및 벽면에 그려진다. 주로 벽면은 서너 부분으로 나뉜다. 첫 번째 부분에는 열 두 축일이 묘사되는데 때로는 그리스도의 기적이나 비유 등 복음의 장면들로 더욱 풍성하게 그려지기도

그림 18. 천사들의 예배. 요아니나 섬의 필안트로피논 수도원, 16세기

한다.

그리스도와 연관된 축일 이콘 아래에는 남녀 성인들의 전신상이 그려지는데 주로 같은 범주의 성인들이 함께 그려진다.(군인성인들, 수도자들, 순교자들, 은둔자들…)

성당의 서쪽 입구 위에는 성모님이 안식하시는 장면이 그려진다. 이 이콘은 행렬과 유사한데 수많은 사람들이 성모님의 주검에 예를 표하기 위해 몰려드는 이콘이다. 때로는 이 이콘 자리에 여러 가지 장면으로 이루어진 그리스도의 재림 장면이 그려지기도 한다.

14세기부터 성모 기립 찬양의 장면들을 그린 이콘이 나타난다. 성모 기립 찬양의 24개 내용에 상응하는 장면들과 더불어 에오티나와 에노스 성가[6]의 내용들, 세계공의회와 연관된 장면들도 이콘을 통해서 만나볼 수 있게 된다.

성당 이콘의 마지막인 밑자락 부분은 섬세한 도안으로 예쁘게 장식한 천 그림이 장식하고 있다.(그림 20)

열 두 축일 이콘

1. 성모 희보 2. 그리스도의 탄생 3. 그리스도의 입당 4. 그리스도의 세례 5. 그리스도의 변모 6. 라자로의 부활 7. 그리스도의 예루살렘 입성 8. 그리스도 최후의 만찬 9. 십자가에 못 박히신 그리스도 10. 그리스도의 부활 11. 그리스도의 승천 12. 오순절 성령강림.

12 대축일은 주님의 생애와 구원 사역에 있어서 가장 중요한 12개 사건들을 보여주고 있다. 이 사건들을 기념하는 대축일들은 교회의 삶을 이끌어가는 영적 이정표요, 풍요로운 영적 만찬과 같으며, 하느님-말씀에서 이 대축일들을 통해서 사랑스럽고도 자비로운 방식으로 우리에게 다가오신다.

---

6) **에오티나(Εωθινά), 에노스(Αἶνος) : 조과때 부르는 성가의 일종**

■ 성화상벽(iconostasis)과 관련하여 어떤 역사적 증거들이 있으며 그것의 의미는 무엇인가?

오늘날 우리가 볼 수 있는 높은 성화상벽의 모습은 14세기부터 나타났고 그 전까지는 여러 가지 변화의 과정을 거쳤다. 초기 그리스도교의 성화상벽은 낮은 형태였다. 그래서 신자들은 지성소에서 거행되는 예식을 눈으로 직접 볼 수 있었다. 후에 예비제단과 성물소가 형성되었고(6세기) 점차 성화상벽은 확대, 확장되어 중간문 외에, 옆문과 보조문들이 만들어졌다. 이렇게 성화상벽은 서서히 세월을 두고 변화되어 오늘날의 모습으로 발전하였다.(그림 19)

이미 말한 바와 같이, 교회는 천상 교회의 형상이다. 모세의 장막 구조에 따르면 성당은 세 부분으로 나뉜다. 동쪽을 향하고 있는 지성소와 중심에 위치한 성소(신자석) 그리고 서쪽 부분의 예비소(예비신자석)이다. 지성소는 거룩한 곳 중의 거룩한 곳으로서 하늘 왕국의 상징이다. 지성소는 성화상벽에 의해 본당과 분리된다.

성화상벽 가운데에 위치한 '아름다운 문' 꼭대기에는 십자가에 못 박힌 예수님 모습이 조각된 나무 십자가가 있다. 성화상벽 중심 상부에 있는 이 십자가는 영광의 그리스도께서 하늘의 옥좌를 차지하시기 위해서 오실 동쪽을 가리킨다.

성화상벽에는 많은 이콘들이 그려진다. '아름다운 문' 오른편에는 그리스도 이콘이 있다. 위엄을 갖춘 그리스도께서는 모든 사람들을 축복하고 계신다. 심판자와 스승으로 묘사되는 그리스도는 복음경을 들고 계시며 당신 자신이 그 복음 말씀의 해석가이기도 하다. 그분의 의상은 두 가지 색상인데 안쪽 의복은 빨간색, 바깥쪽 의복은 파란색이다. 빨간 색은 신성을, 파란색은 그리스도께서 인간을 타락 이전의 상태로 되돌리시기 위해 취하신 인성을

그림 19. 아기온 오로스 성 스타브로니키타 수도원 대성당

의미한다.

　아기예수님을 안고 계시는 성모님 이콘은 주님과 반대편인 '아름다운 문' 왼편에 자리하는데 성모님의 의상색은 주님과 정반대이다. 성모님은 당신의 거룩한 생활, 절대적 순종 그리고 순결로써 "성 삼위 하느님 다음의 첫 번째 자리"를 차지하신 분이 되셨다. 그분의 안쪽 의복은 파란색으로 인성을 상징한다. 반면에 바깥쪽 의복은 빨간색으로, 우리 인간을 '그리스도화(Χριστοποίηση)' 시키는 신성을 덧입으셨음을 의미한다. 성모님의 의복에 있는 세 개의 별은 그분의 영원한 처녀성(순결)을 상징한다.

　그리스도 이콘 오른쪽에는 선구자 성 세례자 요한 이콘이 위치한다. 교회의 형상이요 신부인 성모님과 신랑의 친구이신 성 요한은 우리가 경건한 마음으로 이콘에 입 맞추기 위해 성화상벽으로 다가갈 때 화사한 눈빛으로 우리를 받아들이신다. 그리고 우리의 탄식을 듣고 신비롭게 우리를 위로하시며 하늘나라의 완전한 기쁨으로 우리를 초대하신다.

　성모님 이콘 옆에는 성당의 주보 성인(또는 교회력에 따라 축일에 기념하는 성인) 이콘이 자리한다. 그 외의 부분에는 여러 성인들이 그려진다. 성화상벽 양편의 보조문에는 가브리엘과 미카엘 대천사가 그려진다.

　위의 이콘들 위에는 열 두 축일 이콘이 그려짐으로써 모든 신자들이 그리스도의 육화하심을 비롯하여 하느님 섭리 속에 이루어진 그리스도의 구원 사건을 되새기게 한다. 성화상벽은 "우리 육안에는 보이지 않는 또 다른 세상으로 통하는 통로"이다.

■ 성 삼위 이콘은 두 가지가 있는데 하나는 아브라함의 접대를 형상화한 이콘이며 또 다른 하나는 백발의 노인으로 표현된 성부 하느님과 엄청나게 큰 십자가와 펼쳐진 복음경을 들고 있는 성자 하느님, 비둘기 모양으로 가운데에 날고 있는 모습의 성령 하느님을 묘사한

'대중적 이콘'인데, 둘 중 어느 이콘이 정교회 관점을 적절하게 표현하고 있나?

요한 브라노스는 그의 저서 「이콘의 이론」에서 다음과 같이 설명하고 있다.

"교리적 개념을 표현하고 실현하며 성 삼위의 교리를 온전히 그림으로 설명하는 이콘은 아브라함의 접대 이콘이다.(그림 20) 이 이콘이 담고있는 주된 주제는 성 삼위의 '동일 본질', '동일 영광', '동시성'이다. 이 이콘은 한 본질의 삼위성과 삼위의 일체성을 놀라운 방법으로 표현하고 있다."

"이주자로 살던 아브라함은 남자 모습으로 나타나신 범접할 수 없는 성 삼위 하느님 중 한 분이신 주님을 예를 갖춰 영접하는 영광을 입었도다."
(심야과 카논, 6오디 성가)

이콘은 교리적 개념을 구현하는 것 외에 또한 역사적 사건을 기술하고 있다. 그래서 이콘에는 천사들과 함께 아브라함, 사라, 천막, 마므레의 상수리 나무, 음식이 차려져 있는 식탁이 함께 묘사된다.

교회의 교부들은 성서의 이 사건 속에서 성 삼위 일체의 예시를 보았다. 그래서 이 사건은 아주 빠르게 그림으로 표현되었다. 케사리아의 에프세비오스는 "이 이콘은 초대 교회 시대부터 존재했고 귀히 여겨졌다"고 언급하고 있다.(기원후 339)

파트모스의 수도원에는 12세기에 그려진 성 삼위 일체 이콘이 있다. 세 천사는 같은 모습, 같은 움직임, 같은 색조를 띠고 있다. 가운데 천사는 두루마기를 손에 쥐고 있고 다른 두 천사들보다 좀 더 크게 그려져 있다. 이것은 가운데 천사가 그리스도를 나타내고 있음을 단적으로 보여준다. 그것은 그리

그림 20. 아브라함의 접대. 카레아의 성 요한 수녀원 작품

스도 이콘이 갖는 특징적 요소들이다.

많은 이콘 작가들은 한 천사의 후광을 성부를 상징하는 천사의 후광과 서로 맞닿게 그린다. 그들은 이런 화법을 통해 정교회의 교리처럼 아버지로부터만 성령이 좇아나심을 상징적으로 표현하려 노력하였다. 또한 천사들의 의상에는 3가지의 색상만을 사용하였고 조화롭게 그 색상들을 교차시켰다. 이렇게 해서 성 삼위 일체이신 하느님의 이콘적 표현을 실현하였다.

한편, '대중적 이콘'은 성 삼위 일체 교리를 온전히 표현하지 못하고 있다. 왜냐하면 교리적 내용을 무시하고 있기 때문이다. 세 인물의 서로 다른 나이의 표현은 '동시성', '동일 영원성', '동일한 시초 없음', '동일 영광성' 등을 무너뜨린다. 왜냐하면 노인으로 표현된 성부에게 속한 영광과 젊은이의 모습인 그리스도에게 속한 영광이 서로 다르며 성령을 상징하는 새에게 돌려지는 영광이 다르기 때문이다. 마찬가지로 본질에서도 인간과 비둘기 모양의 새의 본질은 다르기 때문이다.

소티리오스의 비평에 따르면 이 '대중적 이콘'은 비잔틴 시대의 끝 무렵, 특히 비잔틴 시대 이후에 더욱 자주 등장하는 것으로서 아마도 서방의 영향을 받은 것으로 평가되고 있다.

■ 하지만 구약성서의 다니엘서 7장 9절 부분에 보면 "옥좌가 놓이고 태고적부터 계신 이가 그 위에 앉으셨는데 옷은 눈같이 희고, 머리털은 양털같이 윤이 났다"고 표현하고 있지 않는가?

구약성서의 '주님', '스스로 존재하시는 분'은 정교 교부신학에 따르면 주로 성자를 지칭한다. '태고적부터 계신 이'는 바로 성자를 의미한다는 것이다.

비잔틴 이콘에서 성부는 그려지지 않고 성자 그리스도만이 그려지는데 거기에는 두 가지 이유가 존재한다. 첫째, 성부는 성자처럼 육신을 취하지 않으셨다. 따라서 그 누구도 하느님-아버지를 보지 못했다. 둘째, 성 삼위의 각 위격은 완전한 하느님이시다.

■ **그렇다면 요르단 강에서 그리스도가 세례 받으실 때 성 삼위가 현현하신 것과 특히 성령이 비둘기 모습으로 나타나는 것은 어떻게 이해해야 하는가?**

요르단 강에서 성 삼위가 현현 하셨다는 것을 우리는 성서를 통해 알 수 있다. 성부는 하늘로부터 말씀을 통하여, 성자는 요르단 강인 그곳에 인간이 되신 모습으로, 성령은 비둘기 모습으로 나타나셨다.(그림 11) 하지만 성 삼위의 현현 증거들이 확실하다해도 이런 요소들은 성 삼위의 교리적 실현을 온전히 표현하는 데 부족함이 많다. 비둘기는 성령의 위격을 온전히 구성할 수 없다. 왜냐하면 성 삼위의 세 번째 위격의 존재는 표현되지 못하기 때문이다. 비둘기는 성령을 표현하는 하나의 외적 형상에 불과하다. 따라서 온전한 교리적 표현을 이루는 아브라함의 접대 이콘만이 교회 전통이 우리에게 전해준 유산이다.

■ **그리스도 부활 이콘도 두 종류가 있다. 비잔틴과 르네상스 이콘인데 널리 알려진 이 이콘들의 기본적 차이는 무엇인가?**

비잔틴 이콘은 정교회 성가와 교부들의 가르침에 바탕을 두고 있는 정교회의 교리대로 주님의 부활 사건을 온전하게 표현하고 있다. 그러면 이 두 개의 이콘에 대해 좀 더 자세하게 살펴보자.

먼저, '저승에 내려가심'이라는 제목의 정교회 부활 이콘(그림 21)은 두 개의 사건을 연결한다. 하나는 역사적 사건이고 또 다른 하나는 종말론적 사건이다. 다시 말해 그것은 '특정한 역사적 시간에' 일어난 그리스도의 부활과 우리들의 부활, 즉 마지막 날에 일어날 모든 인류의 부활이다.

정교회에서 그리스도의 부활 순간은 그려지지 않는다. 전통적인 이콘에서도 부활의 실제적 순간은 결코 그려지지 않는다. 복음과 교회전통도 이 순간에 대해서는 침묵한다. 우리 믿음에 따르면 그리스도는 봉인된 무덤에서 부활하셨다. 주님의 부활은 인간의 눈으로는 볼 수 없는 방법으로 기적적으로 이루어졌다. '저승에 내려가심' 이콘을 구성하는 요소들은 외경 복음 전승이 기술하고 있는 상황에서 가져온 것들이다.

물론 '저승에 내려가신 그리스도'라는 주제는 신약성서와 구약성서에서 많지는 않지만 다뤄지고 있다. 사도행전(2:31-32절)과 사도 베드로와 바울로의 서신(에페소 4:9-10, 베드로 1서 3:18-19)에서 이 부활 이콘의 주제에 대한 근거들을 발견할 수 있다. 구약성서에서도 주님께서 "철문을 부수신 후" "죽음의 나라와 어둠의 세계에 살고 있는 자들을"(시편107:16, 호세아 6:2) 자유롭게 하실 것이라고 기록 하고 있다.

사르데온의 멜레톤, 루그두누의 이리네오스, 시리아의 성 에프렘, 알렉산드리아의 성 키릴로스, 예루살렘의 성 키릴로스, 시리아 예배서, 그리고 외경인 「니코데모스 복음」이 '저승에 내려가심'에 대하여 언급하고 있다. 또한 성 대 토요일 예식은 '저승에 내려가신 그리스도'의 모습을 생생하게 전달한다.

"오늘 저승이 한숨 지며 외치도다 : '마리아로부터 태어난 분을 받아들이지 않았다면 나는 좋았을 것을. 그분이 나에게 오셔서 철문을 부수고 나의 세상을 무너뜨리셨도다. 과거에 내가 사로잡았던 영혼을 하느님으로서 부활시키셨도다.' 주여. 당신의 십자가와 부활에 영광을 바치나이다." (성 대 토요일 만과 스티히라 성가)

■ 부활 이콘 묘사 (카흐리에 사원)

이콘의 중심에는 죽음의 승리자인 그리스도가 지배적으로 묘사된다. 그리스도는 눈부시게 빛나는 의상을 입고 있으며 빛의 영광으로 둘러싸여 있다. 그리스도를 감싸고 있는 그 빛은 그리스도의 변화된 육신과 동시에 영원히 지지 않는 빛을 상징한다. 그의 손과 발은 십자가의 못 자국이 그대로 나타난다. 그의 머리를 감싸고 있는 후광, 빛나는 의복, 그의 얼굴에 비치는 승리의 모습은 "죽음으로 죽음을 멸하시고 부활하셨다"는 부활절 성가처럼 부활 축일의 의미를 제대로 조화시키고 있다.

죽음은 저승의 부서진 문을 밟고 계시는 승리자 주님 발아래 쇠사슬에 묶여있는 모습으로 묘사되고 있다. 두 바위 사이에는 어두운 심연이 펼쳐진다. 그리스도께서는 승리의 전리품을 취하듯 인류를 대표하는 아담과 이브를 다시 일으키시기 위해 "지상의 가장 낮은 지하"로 내려가신다. 일부 이콘에서는 부서진 사슬 조각들, 흩어져 있는 열쇠들과 못들이 죽음 세계의 멸망을 상징적으로 그리고 있다.

그리스도께서는 역동적이고 생동감 있게 또 하느님의 자애로움으로 아담과 이브의 타락한 손을 잡아 끌어당기고 있다. 인류의 시조를 통해 세상에 들어와 온 인류를 삼켜버린 죽음의 뿌리를 인류로부터 완전히 뽑아버리려는 모습이다. (그림 21)

인류의 시조는 이미 죽음을 정복한 승리자가 누구인지 알고 있기에 생명이시며 영원히 지지 않는 빛이신 그리스도의 손에 자신들을 맡긴다.

구세주께서는 아담과 이브인 선조들과 함께 주님이 오시기를 기다렸던 구약의 모든 의인들을 죽음의 사슬에서 풀어주신다. 이콘의 좌측에는 선구자 성 요한(세례자 요한), 다윗, 솔로몬 등 구약의 성인들을 볼 수 있다. 그들은 구세주를 영접함으로써 구원에 이를 수 있도록 하기 위해 저승에 있는 모든

그림 21. 주님의 부활. 카흐리에 사원, 14세기 초

영혼들을 가르치고 준비시켰던 의인들이다. 그래서 부활성가는 "무덤에 있는 자들에게 생명을 베푸셨나이다"라고 노래한다.

　여기서 우리가 주의 깊게 살펴봐야 할 부분은 '저승에 내려가심'이 나타난 여러 이콘들에서 구약의 의인들뿐만 아니라 실제로는 죽음이 아닌 영원한 생명으로 부름 받은 신약의 사도들도 무덤에서 해방되어 나오는 모습으로 그려지고 있다는 것이다. 이것은 부활 이콘이 종말론적 특징을 가지고 있음을 보여준다. 즉, 그리스도의 부활을 통해 우리는 영원한 생명을 얻고 하늘 왕국의 '신부'가 되는 이 종말론적 구원을 지상에서 미리 맛보고 체험하는 것이다. 부활 이콘은 역사와 종말을 아우름으로써 구원의 모든 섭리를 종말론적 관점에서 조명해주고 그리스도의 부활과 마지막 날에 있을 우리 모두의 부활을 하나로 연결한다.

하지만 그리스도의 부활이 단지 영원한 미래, 종말론적 주제와만 관계있는 것은 아니다. 왜냐하면 우리가 이미 이곳에서 종말을 '미리 맛보고' 체험하듯이, 인간은 죄 짓기 이전의 자연 상태로의 복원과 죄의 죽음을 통한 궁극적 부활의 가능성을 그리스도의 부활을 통해 매순간 느끼며 살아가기 때문이다. 또한 영원한 미래 왕국의 생명은 앞으로 올 그것이 아니라 이미 우리에게 와있는 것이기 때문이다.

"그 생명이 나타났을 때에 우리는 그 생명을 보았기 때문에 우리는 여러분에게 영원한 생명을 증거하며 선포하는 것입니다." (요한1서 1:2)

반면에 르네상스의 이콘은 무덤에서 그리스도가 나오는 것으로 부활이 시작된다. 그리스도께서는 주로 빨간색인 승리의 깃발을 쥐고 있다. 그리스도의 무덤을 감시하던 군인들은 자고 있거나 바닥에 엎드려 떨고 있는 모습이다. 르네상스 부활 이콘은 그리스도를 주로 기적의 능력과 권위를 지닌 초인적인 모습으로 표현한다. 하지만 정교회 이콘은 모든 인류를 위해 육신을 취하시고 부활하신 영광의 주님을 표현한다. 마리나 스클리리는 다음과 같이 표현하고 있다.

"르네상스 이콘은 어떤 초인적인 인간이 죽음을 이기는 일시적 승리의 사상을 불어넣는다. 르네상스 이콘이 힘과 기적, 초인적 모습이 주된 관점이라면 정교회에서는 아담과 이브의 부활과 그리스도의 부활이 끊어질 수 없는 밀접한 연관을 갖고 있다는 것이다."

4. 현대 이콘작가들과 이콘들

■ 이콘작가가 이콘을 그릴 때 전승된 내용에 나름대로 뭔가 독창적으로 변화를 줄 수 있는가?

아주 유용한 질문이지만 대답하기에는 이콘 화법에 대한 전문적인 지식이 필요하다. 요한 브라노스는 그의 저서「이콘의 이론」에서 각 이콘에는 '불변적 요소'와 '가변적 요소'가 있는데 교회의 교리와 관련된 '불변적 요소'는 변할 수 없고 침해되어서도 안 되지만 '가변적 요소'는 변할 수 있고 이콘작가들의 취향에 따라서 달리 그려질 수 있다고 강조했다.

그럼, 하나의 좋은 예로 '성모 희보 이콘'(그림 22)에서 '불변적 요소'와 '가변적 요소'를 살펴보자.

불변적 요소 : 대천사 가브리엘의 특징적 요소인 날개 등과 함께 그가 축복하는 모습. 성모님의 특징적 요소인 빨간 망토, 세 개의 별, 머리를 두른 파란 수건, 파란색의 안쪽 가운 등.

그림 22. 성모희보. 마케도니아 오크리다의 성 글리미의 이콘, 14세기

가변적 요소 : 건물, 자세, 몸의 움직임, 의복의 주름, 조명, 사물의 색채 등.

'불변적 요소'와 '가변적 요소'는 정교 비잔틴 이콘의 기본적이고 불변하며 침해되지 않는 규칙이다. 따라서 불변적 요소는 결코 변형되지 않는 부분이지만 가변적 요소는 이콘 작가의 성향과 취향에 따라 변형될 수 있다.

■ 과거에는 이콘의 발전이 있었던 반면 오늘날은 이콘 화법이 정체되어 있는데, 그 이유는 무엇인가?

사실 이콘 미술에는 꾸준한 발전이 있었다. 전통은 새로운 이콘 화법과 양식들을 받아들였고 흡수했다. 하지만 이 발전은 결코 교회의 구성원들이 받아들일 수 없을 만큼 급진적이거나 극단적이지는 않았다. 이콘 '양식'이 변화될 때는 교회가 품에 받아들일 수 있는 예술 정신 안에서 서서히 변화되었다.

그래서 새로운 '양식'이나 이콘 화법의 변화에 대해 신자들은 서로 반목하거나 대립하지 않았다. 그 좋은 예로 비잔틴 마지막 왕조 시대인 팔레올로고스 시대의 화법은 그 이전 왕조인 콤니논 시대의 화법에 비해 아주 개혁적이었지만 특별한 반발이 없었다. 왜냐하면 이 변화가 그 당시의 분위기나 미술적 관점과 깊은 상관관계를 맺고 있었기 때문이었다. 이렇게 교회의 구성원들은 자연스럽게 그런 변화를 받아들였고 낯설게 느끼지 않았다. 또한 이 새로운 화법의 이콘은 하느님 백성들의 예배와 영적 성장에 전혀 지장을 주지 않았다.

물론 오늘날 많은 사람들은 이 정체(停滯)에 대해 말하고 있다. 이콘 미술 전문비평가들은 오늘날의 성당들에는 뭔가 독창적이고 계승하면서도 발전시키는 미술은 찾아볼 수 없고, 오직 비잔틴 화법 일색이라고 주장한다. 사실

많은 사람들은 훌륭한 예술가들의 비잔틴 이콘들은 색상, 형식, 표현에서 자유로움을 구가했는데 왜 오늘날은 이콘 화법에서 발전은 없이 오직 복사와 흉내만 만연하는지를 의아해 하기도 한다.

물론 우리는 그들과 서로 다른 시대에 살고 있다. 오늘날 예술가들은 풍부한 예술적 재료와 자료를 가지고 당시 훌륭한 예술가들에 필적한 만한 작품을 만들기를 원한다. 하지만 그들은 과거의 예술가들이 가졌던 교회와의 관계를 똑같이 공유하고 있지 못하다. 오늘날의 세대는 신앙의 관점에서 볼 때 오히려 이제 겨우 첫 발을 내딛는 수준에 있다. 인간 중심적인 사고를 버리고 다시 '인간이 되신 하느님'의 얼굴을 향하기 시작했다. 분명 오늘날 예술가들은 과거 예술가들이 체험하고 생활했던 것과 같은 방식으로 교회의 진리와 교리를 체험하지 못하고 있다.

이외에도 이콘 화법의 논점에 관해 무지와 금기가 판을 치고 있다. 많은 사람들은 이콘의 화법은 하늘이 준 미술, 거룩한 미술로서 교회가 하늘로부터 받은 선물이라고 믿는다. 물론 교회가 은총으로 받은 거룩한 미술인 것은 분명하다. 하지만 이 이콘 미술이 하늘에서 뚝 떨어진, 그래서 어떤 발전도 있을 수 없는 별개의 것임을 의미하는 것은 아니다. 이러한 사고로는 새로운 독창적 작품을 만들어 내지 못한다.

이렇게 비잔틴 미술은 고대 그리스-로마 미술로부터 원근법의 파기, 정면 지향적 자세, 색상, 화법 등 많은 요소들을 받아들였다. 그리고 그것을 흡수 동화시켜 이콘의 높은 예술을 우리에게 전해주었다. 다시 말해 당시의 미술 환경으로부터 그 당시의 언어를 빌려 교회의 구성원들이 이해할 수 있도록 한 것이다. 하지만 이것을 받아들인 후에는 그 요소들을 재형성하고 순화시켜 아주 독창적인 작품을 우리에게 물려주었다.

이와 똑같이 오늘날 천부적인 재능을 받은 훌륭한 예술가들도 이콘 예술의 전통을 깊이 있게 탐구하고 교회의 신학을 공부하고 체험하면서 새롭고 훌

그림 23. 그리스도. 올림비아다 수녀의 미카엘 다마스키노스 작품 모사, 파트모스 1989

륭한 독창적인 작품을 만들어 낼 수 있을 것이다.

■ 오늘날 이콘 작가들이 교회가 받아들일 수 없는 심각한 오류로

가지 않기 위해서 어떤 길을 걸어야 하는가?

정교회 영성의 기본적-핵심적 요소는 겸손과 배움의 정신이다. 정교 미술에서도 똑같이 적용된다. 오랜 시간 배우지 않은 이콘 제작은 많은 오류와 변질로 귀결된다. 교회의 신학에 대한 깊은 체험과 성찰 그리고 이콘 전통에 대한 공부 외에도 훌륭한 예술가들의 작품에 대한 공부, 스케치와 표현, 색상 등에 대한 충실한 반복 훈련이 필요하다. 그런 오랜 시간의 과정은 수련생 예술가의 경험에 꼭 필요하며 그의 발전에 밑거름이 될 것이다.

새로운 이콘작가들이 꼭 관심을 가져야 되는 부분은 어떤 원작을 모사해 그릴 때는 과거가 아닌 원작에 스며있는 지속성과 영원성을 포착하여 그려야 한다는 점이다.(그림 23) 여기서 고대 원작의 반복은 이콘 작가에게 있어 고대 원작자들의 뜨거운 체험으로 함께 고양되는 계기가 된다. 고대 원작의 반복은 새로운 창조의 행위, 새로운 예술적 방법으로 작품을 풍성하게 하는 행위가 되어야 한다. 현대작가들은 "순종과 복종으로, 하지만 자유로움 속에서 창조적 순종으로 이콘을 그려야 한다."

5. 이콘 미술의 역사와 화법에 대한 질문들

■ 비잔틴 이콘의 종류는?

비잔틴 이콘은 크게 다섯 종류로 나누어진다 : 이콘, 이콘 벽화, 모자이크, 삽화, 조각.

이콘의 범주에는 주로 6세기에 형성되었던 납화(蠟花) 이콘과 밀랍 이콘이 포함된다. 대표적 이콘은 시나이 수도원(성 카테리나 수도원)에 있는 밀랍 이콘들로 아주 좋은 상태로 보전되어있다. 또한 주로 6세기 이후에 비잔틴인들이 사용했던 혼합 화법의 이콘들과 템베라 화법 이콘들이 포함된다.

이콘 벽화에는 두 가지 화법이 있는데 프레스코 화법(벽화를 그릴 때 새로 석회를 바르고 채 마르기 전에 수채로 그리는 화법)과 세코 화법(건식 프레스코 화법)이 그것이다.

모자이크는 돌(대리석 종류 포함)이나, 색유리, 상아류(조개껍질류 포함) 등으로 만들어진다.

삽화는 필사본을 장식하는 데 쓰였다. 이 필사본들은 양피지나 가공된 가죽으로 이루어졌다. 아주 뛰어난 화법의 삽화는 섬세함과 표현의 독창성 그리고 단순하면서도 아주 깔끔한 선들로 우리들을 감탄하게 한다.

조각은 대리석이나 나무를 재료로 작업한다. 조각물은 정교회 예배에서 사용되지 않는다. 비잔틴인들은 단지 평평한 표면에 조각한 작품을 만들어 성화상벽이나 기둥머리 장식등에 사용하였다. 주로 비잔틴 시대 이후에 섬세한 도구로 작업된 훌륭한 작품들이 나왔는데 이콘이나 모자이크처럼 조각에서도 비잔틴 예술의 사조가 유지된다.

- 프레스코 화법에 대해 좀 더 설명해 달라.

프레스코 화법은 아주 오랜 화법의 작품에서 찾아볼 수 있다.(아테네 고대 박물관에 있는 유명한 산토리니 프레스코) 프레스코 화법은 이콘 작가가 벽이 채 마르기전에 그 벽에 그림을 그려야 한다. 그래야만 색상이 석회에 깊이 스며들어가고 벽토와 하나가 되기 때문이다. 이 화법은 어려운 기법이다. 왜냐하면 벽면이 채 마르기 전에 그림을 수정해야하는 부담이 크기 때문이다. 따라서 아주 숙련되고 경험 많은 예술가에게 적합하다.

이 화법의 장점은 색상이 석회에 깊이 스며들 수 있다는 것과 한 색상이 다른 색상 속 안으로 투과된다는 점이며 선명하고 맑고 신선하며 영구성을 갖는다.(그림 24)

단점은 마르기 전에 그림을 완성해야하기 때문에 동료 작가와 함께 작업을 해야 하는 불편이 따르고 따라서 작품의 전체적 기조가 깨질 가능성이 있다는 점이다.

- 비잔틴 예술에서 모자이크 화법은 어떻게 형성되었나?

그림 24.
에제키엘 예언자.
아기온 오로스
성 판도크라토로스
수도원,
테오파니스 크리스의
프레스코 이콘 벽화

모자이크는 기원전 1세기 중엽에 로마에서 발생하였다. 예술의 신들에게 바쳐진 인공동굴의 벽면이 모자이크로 장식되었다. 바로 이 신들의 이름에서 연유되어 모자이크라는 이름이 붙여졌다. 모자이크용 각석들은 무지개 빛을 내기 때문에 샘, 공중목욕탕, 무덤, 종교 건물 등에 사용되었다. 광택과 우아함이 매혹적인 모자이크는 빠르게 전파되었고 하나의 예술로서 그리스도 공동체에 전해졌다. 물론 후에는 프레스코 화법이나 세코 화법에 의해 약화되었다.

이미 밝힌 바와 같이 모자이크는 물감을 사용하지 않고 대리석과 같은 돌 종류나 황금색 및 여러 가지 색상의 색유리 조각, 상아나 조개껍질의 조각들을 사용한다. 모자이크의 특성상 색채의 자연스런 전개가 이루어지기가 쉽지 않다. 그래서 모자이크는 일반적으로 그림과 선들이 거칠고 강한 음영이 나타나지 않는다.(그림 36).

모자이크가 그리스도교 공동체에서 널리 사용된 이유는 자명하다. 모자이크 조각들은 빛의 흡수와 반사로 조각의 색상들을 방출시켜 독특한 분위기를 연출한다. 모자이크 이콘으로 장식된 성당에 들어서는 신자는 모자이크의 황금색이 전해주는 깊은 분위기에 압도된 채 공간이 초월되고 오감의 깊이가 확장되는 것을 느낀다.

따라서 모자이크는 이콘을 통해 신성의 특성을 표현하고자 하는 비잔틴 예술의 필요성에 잘 부합한다.

실제로, 모자이크 이콘은 우리를 높이 올려주고 우리에게 "소리 없는 음성"으로 말한다. 누구든지 리바디아의 성 루가 성당이나 히오스의 네아 수도원 또는 콘스탄티노플의 호라 수도원에 있는 맑고 우아하게 빛나는 모자이크 이콘으로 장식된 성당에 들어서면 성스러움이 지배하고 있음을 강하게 체험하고 "하느님 주께서 우리에게 나타나셨도다"라고 외치게 될 것이다.

■ 비잔틴 이콘의 원천은 무엇인가?

- 고대 그리스 미술. 고대 그리스 미술은 자연의 미를 살려내고 자연미의 극치를 그려낸다.
- 동양인의 미술. 동양인의 미술은 이상적, 종교적, 정신적 그리고 미적인 경향을 가지고 있었다.
- 그리스 문화시대의 미술(파윰의 인물화).
- 그리스-로마 미술(폼페이의 벽화).

■ 파윰의 초상화

이집트 파윰 지역의 초상화가 비잔틴 미술에 미친 영향을 살펴보자.

초상화는 나일강 서쪽에 위치한 무덤에서 발견되었다. 그리고 오늘날 전 세계적으로 유명한 박물관에 소장되어 있다. 파윰의 초상화는 역사적으로 로마 시대(기원후 1-3세기)에 속한다.

초상화는 기원전 이집트에서 나무 조각 위에 그린 가족 인물화다.(그림 25) 그리고 주검의 수의에 그것을 묶어 함께 묻었다. 생동감 있는 큰 눈과 긴 코, 작은 입 그리고 강렬한 색채의 인물화는 비잔틴 미술에 많은 영향을 주었다.

에프로시니 독시아디는 그의 저서 「파윰의 초상화」에서 초상화가 고대 그리스 미술과 비잔틴 미술의 연결고리를 형성하고 있음을 잘 보여주었다. 뛰어난 많은 초상화 작품들이 그리스 화가가 그린 작품들이라는 사실에 비춰볼 때 파윰의 초상화는 그리스 미술로 보여진다. 많은 전문가들은 이 초상화가 비잔틴 이콘의 선구자라고 판단한다.

파윰의 초상화는 생전 모습을 재현하는 데 목적이 있다. 그래서 우리는 초상화의 얼굴에서 또 다른 세상에 살고 있는 모습이나 불멸, 생명의 영속성을

그림 25. 파윰 초상화(남)

느낄 수 없다. 그럼에도 불구하고 초상화의 얼굴은 생명의 충만함을 보여준다. "이집트 무덤의 초상화는 이 세상의 삶이 영원한 것이라 여기고 그것을 붙들어 놓으려 하지만 이콘은 이 세상의 삶을 거룩하게 만든다."

■ 파윰의 초상화와 비잔틴 이콘의 공통된 특징은 무엇인가?

공통된 특징은 다음과 같다.

표현 화법

비잔틴 이콘에서 볼 수 있는 뭔가 영적으로 보이는 강한 큰 눈의 표현은 아마도 이집트 파윰 초상화에 그 뿌리가 있을 개연성이 있다. 뚜렷한 윤곽선으로 된 크고 강렬한 눈은 무덤 초상화의 기본이다. 2/3의 자세로 정면을 바라보는 초상화의 모습은 비잔틴 미술에서도 발견되는 요소이다. 또한 미술 전문가들은 비잔틴 미술의 강렬한 눈빛과 오므린 입술 등의 요소들이 그리스 문화시대에 속한 파윰의 초상화로부터 영향을 받았을 가능성에 무게를 둔다.

이외에도 화법과 작업 방법, 제작 도구 등에서도 공통점을 찾아 볼 수 있다.

■ 비잔틴 미술에 있어 아주 중요한 역사적인 전환기는 무엇인가?

비잔틴 미술은 역사적 큰 사건을 기점으로 크게 몇 개의 기간으로 구분된다 :

1. 초대부터 이콘 논쟁 시까지(기원후 724년)
2. 이콘 논쟁기간(기원후 730-845년)
3. 마케도니아인과 콤니논인들의 이콘(기원후 867-1204년)
4. 팔레올로곤 왕조의 전성기(기원후 1204-1453년)

많은 전문가들은 초대부터 이콘 논쟁 시까지의 기간을 다시 몇 개의 기간으로 분류한다 :

1. 초기 그리스도교 : 콘스탄티노스 황제까지
2. 고전 그리스도교 : 콘스탄티노스 황제부터 이콘 논쟁 시까지(A.D. 320 - 720)

초기 그리스도교 시대에는 초기적 상징 예술인 카타콤바의 예술이 조심스럽게 나타나기 시작했다. 카타콤바는 미로로 되어있는 지하동굴로서 박해시대에 기도를 드리고 성찬예배를 드리기 위한 피신처였다. 동시에 그곳은 무덤이기도 했다. 2세기 때의 그리스도교인들은 친척들의 주검이나 새로운 믿음의 순교자들을 그곳에 묻었다.

■ 카타콤바에 이콘들이 있는가?

상징적 의미를 내포하고 있는 초기의 이콘들이 있다. 이교도들로부터 전해져 내려오는 전통적 양식의 하나로 동물에 둘러싸여 하프를 타고 있는 오르페우스 신의 모습이 있는데 그 모습에 그리스도교적인 내용을 부여하였다. 즉 오르페우스 신의 표현 속에 상징적으로 그리스도가 표현된다.(그림 26)

오르페우스가 맹수들을 온순하게 하고 산과 나무를 매혹시키듯이 그리스도께서도 당신의 성스런 말씀으로 인간들을 사로잡으시고 자연의 힘을 복종시키신다. 이 상징적인 예술의 목적은 순수하게 교훈적이다.

카타콤바 미술의 상징들은 세 개의 군으로 나눌 수 있다.
1. 물을 주제로 한 상징들 : 노아의 방주, 고래 뱃속에서의 요나, 모세, 물고기, 닻
2. 빵과 포도주를 주제로 한 상징들 : 빵의 기적, 밀 이삭, 포도
3. 구원과 관련된 상징들 : 불가마 속의 아이들, 사자우리 속의 다니엘, 부활한 라자로, 착한 목자

■ 착한 목자의 그림은 무엇을 예시하는가?

착한 목자상은 1세기 때부터 나타난다. 이 그림은 양과 밀접한 관계를 가진

그림 26. 착한 목자. 라베나

다.(에제키엘 34, 시편 22) 이콘에서 인류는 양으로, 그리고 하느님은 양의 목자로 묘사된다. 그 외에도 그리스도께서 당신 자신을 "나는 착한 목자이다"(요한 10:14)라고 표현하셨고, "나는 길 잃은 양과 같은 이스라엘 백성만을 찾아 돌보라고 해서 왔다"(마태복음 15:24)라고 말씀하셨다. 하느님께서는 잃어버린 양인 인성(人性), 인류를 당신 위에 입으시고 육화하심으로써 인성을 하느님의 영광과 하나로 이으셨다. 착한 목자의 묘사는 바로 이 신학적 의미를 취한다.

■ 개별적 상징들, 즉 배, 물고기, 올리브, 사슴, 불사조 등은 무엇을 의미하나?

배는 교회를 상징한다. 배를 타고 항해하는 신자들은 영원한 삶을 향한 여행에서 안전을 보장받는다.

물고기($IXΘYΣ$)는 그 단어의 구성이 "예수 그리스도, 하느님의 아들, 구세주('Iησοῦς Χριστός Θεοῦ Υἱός Σωτήρ)"라는 단어들의 첫 문자로 구성 된다.

열매가 풍성한 올리브는 덕을 많이 쌓은 신자를 의미한다.

사슴은 주님을 갈구하는 영혼을 상징한다. 시편에도 "암사슴이 시냇물을 찾듯이, 하느님, 이 몸은 애타게 당신을 찾습니다"(시편 42:1)라고 기록하였다.

불사조는 부활을 나타낸다.

에브도키모프는 다음과 같이 말했다.

"이 모든 상징들은 그리스도와 그분이 제정하신 성사들 외에는 영원한 생명이 없음을 상기시켜준다. 또한 모든 것은 기쁨이다. 왜냐하면 부활이 있기 때문이다."

■ 카타콤바의 초기 미술에서 성모님이 그려지고 있나?

물론이다. 성모님은 카타콤바 이콘에 그려진 여러 초기 인물들 중에 한 분이다. 하지만 언제나 상징 없이 사실적이다. 오늘날까지 발견된 자료에 의하면 이미 2세기 때부터, 성모 희보(프리스킬라의 카타콤바), 주님의 탄생(성 세바스티아노스의 카타콤바, 4세기) 이콘에서 기도하는 모습의 성모님을 찾아볼 수 있다.

■ 카타콤바 미술의 주된 특징은 무엇인가?

카타콤바의 화풍은 자유롭다. 색조는 밝고 명랑하다. 인물들의 자세나 움직임은 과감하다. 이 벽화들은 기본적으로 예술적이지 못하다. 예술적이기보다는 종교적 의미가 훨씬 강하다. 예술적 미가 부족하고 작품성이 떨어지던 초기 미술은 4세기 초엽에 이르러 그리스도 안에서 고귀한 화풍의 이콘으로 발전된다.

■ 두라 회당의 벽화

에프라티스 근처에 있는 두라-에브로포스 회당의 이콘 벽화는 커다란 가치를 지니고 있다. 이 이콘 벽화는 초기 그리스도교 시대인 기원 후 250년 경으로 거슬러 올라가는데 주된 주제는 아브라함의 시대부터 에스델 시대까지의 구약의 장면들이다. 일반적으로 히브리 민족에 대한 하느님의 도우심과 동시에 율법을 어긴 자들에 대한 하느님의 준엄한 심판을 그리고 있다.

두라 회당 이콘벽화의 스타일은 서민적 특징과 그리스도교가 비잔틴 이콘 미술에 넓게 사용했던 여러 가지 다른 특징들을 보여주고 있다.

이런 특징들은 다음과 같다.

무게감과 부피감의 부재. 도덕적 반영.(인물의 크기는 중요성에 따라 다르다) 일반적으로 정면을 바라보는 자세 견지. 강한 선, 인물들의 성스러운 자세. 이콘을 바라보는 신자를 향해 고개를 돌린 채 전진하는 인물들의 긴 행렬.

■ 고전 그리스도교 시대에서의 이콘.

계속해서 우리는 콘스탄티노스 황제 시대부터 이콘 논쟁 시까지의 고전 그리스도교 시대를 맞이한다. 이 시대에는 가치 있는 모자이크 이콘이 발전되었다. 그리고 프레스코로 작업한 훌륭한 이콘 벽화들이 있다.

많은 모자이크 예술가들은 추상적 미술이 대세를 이루고 유대교와 이슬람교가 확산됨에 따라 콘스탄티노플을 떠나 이탈리아로 넘어가 뛰어난 작품들을 창작했다. 이 시대의 가치 있는 작품들을 살펴보면 라벤나의 성 아폴리나리오스, 테살로니끼의 성 디미트리오스의 바실리키 성당(5세기), 로마의 산타 마리아 마지오레 성당(5세기), 산타 마리아 안티쿠아 성당(7세기) 등의 모자이크 작품들이다.

밀라노 근처의 가스뗄세프리오(Castelseprio)의 프레스코(6-7세기)에는 후에 고착화되는 비잔틴 이콘의 특징의 하나인 중심 지향적 빛의 조명 등이 이미 형성되기 시작하였다.

고전 그리스도교 시대인 6세기에 그려져 시나이 수도원에 보존되어온 이동이 용이한 밀랍 이콘들과 키프로스의 키티오 도시의 앙겔로크티스티의 뛰어난 성모님의 모자이크가 이에 속한다.(그림 27) 이 모자이크 이콘에서 성모님은 정면을 바라보며 한쪽 발을 앞으로 약간 내민 상태에서 왼손에는 그리스도를 안고 있다. 양편에는 미카엘 대천사와 가브리엘 대천사가 시중들고 있다.

■ 납화 이콘의 화법은 무엇인가?

납화 이콘의 화법은 뜨겁게 녹인 밀(蜜;꿀밀) 또는 마스티카 밀(꿀밀 + 그리스 터키 지역의 나뭇진)과 물감들을 뒤섞는다. 그리고 뜨겁게 달궈진 도구 케스트론을 이용하여 나무 위에 작업한다.

납화 이콘의 주된 특징은 아래와 같다.
- 정면을 바라보고 있는 자세.
- 슬픔에 젖은 듯한 큰 눈(파윰 초상화의 영향)
- 왜소한 모습
- 거친 선

그림 27. 성모님. 키프로스 키티오 안겔로크티스티, 6세기

　납화 이콘으로 유명한 작품으로는 기원 후 6-7세기의 그리스도 이콘이다. 이 이콘은 현재 시나이의 성 카테리나 수도원에 있다.(그림 28) 전문가들은 유스티노스 황제 시대에 이집트나 콘스탄티노플에서 그려진 것으로 추측하

그림 28. 그리스도. 성 카테리나 수도원의 납화(밀랍) 이콘, 6세기

고 있다. 그리스도는 가운과 외투를 입고 있으며 오른손으로는 축복을 하고 왼손으로는 두꺼운 복음경을 들고 있다. 복음경의 표면은 보석으로 장식하고 있다. 그리스도의 두 눈은 모양과 크기가 서로 다르다. 만약 우리가 주의 깊게 두 눈을 관찰한다면 한쪽 눈은 근엄함이, 또 다른 한쪽은 온유함이 깃들어 있음을 볼 수 있다. 이콘 분석가들은 근엄한 눈빛은 정의의 심판자로서의 주님으로, 반면에 온유한 눈빛은 자비와 자애의 주님으로 해석하였다. 이콘 작가는 이런 묘사를 통해 우리의 영적 성숙 상태와 또 우리와 주님과의 관계의 밀접한 정도에 따라 우리가 어떻게 느끼며 살아가고 있는지를 표현하려 하였다.

■ 이콘 논쟁시대(730-845년)

이 시대에는 이콘 논쟁으로 인해 미술의 발전이 이루어졌다. 이콘은 주제별로 세분되었고 이콘의 신학이 발전하였다.

■ 마케도니아인들과 콤니노스인(867-1204년) 또는 중세 비잔틴 시대

이콘 논쟁에서 정교회의 승리는 정교회 이콘의 전성기를 가져왔다. 하느님의 말씀이신 성 삼위 중에 육화하신 두 번째 위격의 하느님이 그림으로 표현되었다. 따라서 제일 먼저 하늘의 왕국을 상징하는 교회의 돔에는 만물의 주관자가 그려졌다. 계속해서 세 개의 이콘 범주(교리 이콘, 예배 이콘, 축일-역사적 이콘)가 형성되었다.

섬세하게 표현되는 이 시대의 미술은 신학의 언어가 되었다. 샤를르 델부와이에(Charles Delvoye)는 이콘의 새로운 형태의 미를 다음과 같이 표현하였다.

"몸의 형태는 주로 길게 나타난다. 색채, 이콘 내용에 대한 전체 구도와 배분은 섬세하게 분석되어 시각적으로 깊은 인상을 자아내며 영적 일치를 도모한다. 등잔불과 촛불의 흐린 불빛, 분향할 때의 아름다운 향기, 뿌연 연기, 아름다운 성가, 성스러운 현존의 분위기 속에서 이콘 미술은 신자들에게 하느님 왕국의 광경을 제공한다. 비잔틴 미술은 불필요한 모든 것을 멀리하고 본질적으로 천상의 완벽한 하모니를 표현하기를 갈구했다. 비잔틴 미술은 고전적 미의 감각에 관상과 수행의 모습으로 변화된 인간의 영성적 특징을 제공했다."

이 시대의 유명한 작품들은 아래와 같다.

아흐리다의 성 소피아 성당(1040-1045년) 지성소에 13명의 고위 성직자와 콘스탄티노플의 총대주교가 그려져 있다. 반원형에는 아기를 안고 계시는 성모님과 그 밑으로는 사도들이 영성체하는 모습이 있다. 11세기의 이 이콘 벽화들에서 얼굴은 노기(怒氣)와 비장함과 근심을 담고 있는 표정이다. 또 다른 중요한 작품 중의 하나는 1164년의 스코피아(現 마케도니아)의 네레지에 있는 성 판텔레이몬 성당에 그려져 있다.(그림 2) 이 성당 벽화는 표현의 힘이 넘치는 비잔틴 미술의 대표작이라 할 수 있다. 왜냐하면 비잔틴 미술의 아름다움을 창조해내는 데 있어서 기본적 해결책을 제공했기 때문이다. 그것은 단순하고 잘 잡힌 전체구도, 수난과 강한 극적인 요소, 내면적 특징을 보여준다. 특징적 예로서 '십자가에서 내려지시는 주님' 이콘을 들 수 있다. 이콘 속의 인물들의 모습과 기품 있는 자세는 비탄 속에 절제된 슬픔이 넘쳐흐른다. 그리고 겸손한 인물로부터 감동과 깊은 슬픔이 배어나온다. 이 이콘의 전체구도는 기하학적인 느낌을 주는 곡선을 바탕으로 하고 있다. 하지만 이 기하는 표현을 제약하지 않고 오히려 슬픔의 감정에 기여하는 비밀스런 역할을 한다.(그림 2)

그림 29. 성모님. 블라디미르, 1125

비잔틴 이콘의 뛰어난 작품들이 이 시대에 속한다. 블라디미르의 성모님 이콘(그림 29)은 콘스탄티노플에서 1125년에 제작되어 러시아의 블라디미르로 옮겨졌다. 무명작가가 그린 이 작품의 완성도를 보면 작가가 뛰어난 미술적 지식과 완벽한 미적 감각의 소유자임을 알 수 있다. 또한 글리코필루사7)의 성모님 이콘이 있다. 이 이콘은 뛰어난 완벽함과 표현의 순수함을 조화시킨다. 하느님 사랑의 신비 속에서 따뜻한 모정과 부드러움을 보여준다.

이 시대의 유명한 모자이크로는 콘스탄티노플의 성 소피아 성당(12세기), 포키다의 성 루가 성당(11세기), 다프니 수도원(11세기) 등이 있다. 이 작품들의 특징은 색채의 선명함과 생동감, 장식선에 대한 특별한 주의, 육체적 형태의 부드러움 등이다. 표현 방법은 과거 시대의 단순함을 잃고 진지하며 학문적이 된다. 이 시대는 비잔틴 미술에 있어 아주 중요한 시기이기에 샤를르 델부와이에는 이 시대를 고전 비잔틴 시대라 명명했다.

■ 팔레올로곤 전성기(1204-1453년) 또는 후기 비잔틴 시대

팔레올로곤 왕조 시대는 이콘의 전성기로 여겨진다. 이 시대에는 모든 분야에서 왕성한 활동이 이루어졌다. 문학, 의학, 첨성학, 법학, 수학 등의 발전과 고대 그리스 학문으로의 전환이 이루어졌다.

전제왕조는 무너지기 시작했고 황제는 신성의 위엄을 잃었다. 휴머니즘이 점차 자리잡기 시작했고 헤시카즘8) 논쟁은 교회를 시끄럽게 하였다. 14세기는 인간 중심의 세기였다.

■ 그렇다면 14세기는 현재 우리가 살고 있는 21세기와 공통된 특징을 가지고 있다는 말인가?

그렇다. 공통된 특징이 많이 있다. 인간 중심적인 시대였고, 그래서 인간적

---

7) 글리코필루사(Γλυκοφιλοῦσα) : 부드럽게 감싸주시는 성모님을 칭함
8) 헤시카즘(ἡσυχασμός) : 고요, 묵상의 의미로서, 관상, 묵상, 마음의 기도 등을 통한 수덕(修德)주의.

인 미를 추구하고자 하는 경향이 강했다. 오늘날 우리 세대가 직면하고 있는 것처럼 믿음의 약화현상도 나타났다. 종말론적 관심은 점차 사라지기 시작했다. 이 모든 경향은 미술 분야에도 영향을 미쳤고 점차 현실적이며 분석적인 이콘들이 그려졌다. 건물, 가구, 도구 등은 그림의 전체 구도 속에서 간결하게 그려졌던 것과는 달리 공간을 차지하고 자세하게 그려졌다.

미술화법은 의상이 위로 치켜 올라가는 표현으로 생동감있는 모습을 그려내거나 또는 차분하게 심리적으로 그려내면서 감동과 감성을 자극하는 방향으로 나아갔다. 눈빛은 더욱 강렬해졌다. 복음과 성모님의 삶으로부터 기립찬양 같은 새로운 주제가 그려졌다. 이때 성모님에 관한 장르가 형성된다.

배경은 더 이상 텅 비어있지 않고 나무와 바위 건축물로 가득 채워진다. 몸은 얼굴에 비례해 더욱 길어지고 새로운 색감들로 색채는 더욱 풍성해졌다.

■ **팔레올로곤 이콘은 두 화풍으로 나뉜다. 하나는 크레타 화풍(넓은 기법)이고, 다른 하나는 마케도니아 화풍(좁은 기법)이다. 이 두 개의 화풍은 서로 다른 이콘 접근 방법을 의미하는데 이 두 개의 이콘 화풍의 차이점은 무엇인가?**

마케도니아 화풍의 특징은 바탕색으로 푸른색을 칠하고 밝은 분홍색으로 그 위를 덮고 얼굴 주변으로 점차 넓게 칠한다.(그림 30) 의상도 같은 방법으로 칠한다. 조명은 넓고 강하다. 육체는 의상으로 덮히고 가려진다. 반면에 주름은 넓고 섬세하게 장식된다. 이 화풍은 강렬하고 생동하며 자유롭고 풍부한 색조를 가지고 있다. 그려진 대상의 정신적 상태를 표현하려는 경향을 보인다.(그림 31)

이 화풍은 마케도니아의 테살로니키를 중심으로 꽃피웠다. 그래서 이 이름이 붙여지게 되었다. 이 화풍의 대표 인물로는 마누일 판셀리노스로서 테살

그림 30. 성 에프스타티오스. 아기온 오로스 성 프로타투 성당의 이콘 벽화, 1295

로니키의 성 에프티미오스 소성당과 14세기 초엽의 프로타투 성당의 이콘을 그렸다.

   마케도니아 화풍은 콘스탄티노플에서 14세기 말경 미스트라로 넘어갔다. 거기서 '좁은 기법' 즉 크레타 화풍으로서 특히 이동이 용이한 이콘에 사용되었다. 크레타 화풍의 대표적인 인물로는 테오파니스 크리스로서 메테오라의 성 니콜라스 아나팝사 성당(1527년)과 메기스티 라브라 성당과 스타브로니키타 수도원 성당을 그렸다.(1546년)

이 새로운 화풍은 무덤 묘석에 영향을 끼쳤고 독자적인 풍을 형성했다. 크레타 화풍(그림 32)의 주된 특징은 다음과 같다. 얼굴에 칠해지는 바탕색은 어두운 커피색이고 덧칠로 전부 다 덮지 않는다. 신체의 노출부분은 좁고 제한적이다. 이 예술은 간소, 소박, 신비스럽고 수도적 특성을 보인다. 이 화풍은 겸손, 경건, 성스러움을 자아낸다. 섬세한 감정과 내면의 삶을 조명한다. 빛은 아주 깊은 곳에서 새어 나오는 것처럼 가늘고 여리며 그래서 신실한 자세를 이끌어 낸다. 많은 사람들은 이 예술을 박해받는 정교회의 미술로 특징 짓는다. 또 다른 사람들은 터키 지배의 세월과 밀접한 관계가 있다고 말한다. '넓은 화풍' 즉 마케도니아 풍은 궁전의 미술, 좀 더 세상적인 예술인 반면 크레타 풍은 수도자적인 미술이라는 견해도 피력되었다.

하지만 이 모든 것은 서로 연관되어 있다. 왜냐하면 비잔틴 미술의 특징은 통일성이기 때문이다. 많은 경우 '넓은 화풍'의 시대에 '좁은 화풍'으로 된

그림 31. 성모입당. 아기온 오로스 프로타투 성당, 마누일 판셀리노스 작품

그림 32. 선구자 세례자 요한, 비아누의 수도원, 15세기

작품들이 많이 있었고 그와 반대의 경우도 많았다. "마케도니아 풍이 영적 힘을 표현한다고 하면 크레타 풍은 영적 섬세함(부드러움)을 표현한다고 말할 수 있다. 이 구분은 영적 차이의 표현이다."

16-17세기 말경으로 올라가면 이동이 손쉬운 이콘 작품들이 주를 이루게 된다. 대표적인 인물들로서 미카엘 다마스키노스, 빅토르 자네스, 람바르도스, 세르보스 롱기노스 등이 있다. 하지만 이들은 이미 서방의 영향을 받고 있었다.

터키 지배 하의 어두운 시대와 그리스 수복시대에 비잔틴 미술은 거의 사라졌고 서방 미술이 대세를 이뤘다. 많은 뛰어난 예술 작품들이 생산되었지만 비잔틴 미술은 점차 사라지고 거의 오늘날까지 오랜 세월 잊혀졌다. 불과 20세기 후반에 들어와서 콘도글루에 의해 새롭게 빛을 받기 시작했다.

■ 하지만 대중 미술의 이콘들도 많이 있는데 언제 꽃피웠고 주요 특징들은 무엇인가?

대중 미술은 주로 18, 19세기와 20세기 초에 꽃피웠다. 대표적인 인물로는 테오필로스이다. 또 다른 대중작가로는 파나요티스 조그라푸가 있다.

대중 미술의 특징은 그 시대의 정신을 강하게 표현한다는 것이다. 터키의 박해로부터 자유를 얻고자 했던 갈망은 강한 힘과 용맹 그리고 압제에 신음하는 민족과 함께하며 지켜줄 전쟁 성인들을 다시 그려내는 하나의 요인이 되었다. 주로 큰 보폭과 바람에 휘날리는 듯한 의상, 칼집에서 뽑은 칼, 기마군인으로 그려진다. 성 요르고스와 성 디미트리오스 성인들은 이런 모습으로 그려져 오늘날까지 우리에게 전해지고 있다.

일반적으로 성인들의 모습은 왜소하고 눈은 크고 살아 움직이는 듯 하며 색상은 어둡고 구도는 수도자적이다. 반면 내면의 움직임이 깊이 있게 표현된다.

대중 미술의 또 다른 특징으로는 도식화 경향과 형태의 단순화이다. 경치, 무생물, 일상생활의 모습들이 교회 이콘 속으로 들어오게 된다.

■ 고위 성직자 제의, 영대, '에피타피오스' (그리스도의 장례가 묘사된 일종의 제의) 등에는 감탄할 만한 금자수 이콘들이 있는데 대중 예술 화법으로 작업된 것들이다. 언제 이런 작품들이 만들어졌는가?

대중 예술에는 교회의 금자수가 속한다. 금자수는 주로 17, 18세기에 꽃피웠는데 12세기부터 훌륭한 비잔틴 금자수 작품들이 있었다고 전해진다. 금자수 기법은 남녀수도원뿐만 아니라 콘스탄티노플, 테살로니키, 요아니논 등의 여러 작업실에서도 활용되었다. 성인들의 얼굴 표현은 금실 대신 밀(커피색) 색상의 실크와 아주 가는 실을 사용하였다. 미학적 관점에서 보면 금자수 작품들은 비잔틴 미술로부터 주제 및 화법을 끌어온 아주 고난이도의 예술 작품이다. 제의의 금자수는 주로 성당 이콘으로부터 주제를 끌어들였고 특히 이동이 용이한 이콘으로부터 받아들였다. 이렇게 아주 오래된 비잔틴 금자수 작품들은 표면이 그림과 흡사하게 거의 평평한 상태에서 어두운 윤곽선들과 섬세함으로 표현되어 있다. 특히 성인들의 모습을 온전히 표현하기 위해 다양한 도안과 비잔틴식 빛을 활용한 것은 우리를 놀라게 한다. 현존하는 가장 뛰어난 비잔틴 시대의 작품은 14세기 작품이다. 훌륭한 팔레올로곤 예술작품은 아테네 비잔틴 박물관에 소장된 '에피타피오스'와 메테오라 수도원의 성물함에 있는 '아에라스' (성반과 성작덮개)이다.

또한 뛰어난 후기 비잔틴 금자수(1721)는 케팔로니아 대관구의 고위 성직자 제의인데 그 위에는 '이새의 뿌리' (그림 33)가 그림처럼 수놓아졌다. 그림의 중심에는 이새의 족보를 상징하는 나무 위에 성모님이 좌정하고 있다. 성모님 위에 '태고적부터 계신 이'와 성령이 계시며 성모님은 축복을 받고

그림 33. 고위 성직자 제의, "이새의 뿌리", 미트로도라 카말리 수녀 작품

있다. 나무의 뿌리에는 이새가 가지런히 누워있다. 가지에는 12명의 예언자가 성모님의 상징들을 들고 있다. 얼굴들은 가는 밤색 실크로, 머리는 금발이나 커피색으로 표현되고 있다. 주변으로는 다양한 색채의 실크로 화려하게 장식을 수놓고 있다. 이 작품은 미트로도라 카말리 수녀의 작품으로서 후기 비잔틴 자수의 아주 훌륭한 작품의 하나이다.

오늘날에도 주로 여자 수도원에서 금자수가 행해지고 있으며 이콘 화법의 원칙을 지켜나가고 있다. 메가라의 마크리노스 성 요한 수도원과 코로피의 베들레헴 수도원이 금자수로 유명하다.

■ 러시아 이콘들은 비잔틴과는 다른 이콘 전통을 가지고 있는가?

역사는 팔레올로곤 시대에 그리스 예술가들이 모스크바와 보브고론도로 유입되었다고 기록하고 있다. 그들 중의 가장 중요한 인물은 그리스인 테오파니스(1330)이다. 그는 그의 제자로 안드레아 류블로프를 두고 있었다. 이들은 그들 나름의 독창적 특징을 가진 새로운 이콘 전통을 만들었는데 그 특징은 상징과 제거이다. 이 특징들은 러시아인들의 정신세계를 표현하는데, 그 예로 아브라함의 접대 이콘(그림 34)을 살펴볼 필요가 있다. 비잔틴 이콘 구도에는 아브라함과 사라가 식탁에서 시중드는 모습으로 그려진다. 식탁에는 많은 음식들과 그릇, 잔, 쌀이 있고 중심에는 소머리가 담겨 있는 그릇이 있다. 그런데 안드레아스 류블로프는 이 모든 것을 다 제거하고 단지 세 명의 천사만 그린다. 이런 방식으로 그는 역사적 주제를 신학적 수준으로 끌어 올렸다. 에브도키모프는 그의 저서 「정교 신앙」에서 이 이콘을 분석하며 다음과 같이 우리에게 해석하고 있다.

"아브라함과 사라의 부재는 우리를 더 높은 하느님의 섭리의 깊이로 불러들인다. 아브라함의 천막은 궁전과 성당이 되고 마므레의 상수리나무는 생명 나무가 된다. 소머리가 담겨 있는 식탁 위의 그릇은 감사 성사의 잔으로 대체된다. 세 명의 천사의 모습은 일반적 신체 비율보다 훨씬 길게 그려진다. 역원근법으로 그려지며 이콘을 지켜보는 신자와의 거리감은 사라진다. 그들의 모습은 우리에게 더욱 가까이 다가오고 하느님께서 언제 어디든지 계심

그림 34. 아브라함의 접대. 류블로프, 1411

을 우리에게 느끼게 해준다. 류블로프가 창조해낸 전체적 구도의 밝음, 가벼움, 독특한 신비스러움은 하나의 높은 이상을 만들어 낸다."

러시아 정교회는 공의회(1551)를 통해 비잔틴 전통에 따라 그리고 오랜 과거부터 인정되어온 훌륭한 작가들의 원본 작품에 따라 모든 이콘이 그려져야 한다고 공식적으로 결정했음에도 불구하고 폴란드의 지배 이후에 서방 예술이 유입되었다. 그리고 18세기에 서유럽의 흐름이 러시아로 들어오면서 러시아 이콘 미술은 그 영향으로 비잔틴 전통의 화풍으로부터 다소 이탈한다.

■ 그 밖에 다른 나라에도 비잔틴 이콘 전통이 전해졌는가?

비잔틴 전통은 그 이웃 주변 국가로 전해졌다. 세르비아에는 이콘 유물들과 이콘 벽화로 이루어진 성당들, 좋은 상태로 보전되어온 이동이 용이한 이콘들이 많이 존재한다. 중요한 유물로는 스툰데니차스(1206), 밀레세보(1230), 스코포차니스(1260)의 유물들이 있다. 그들의 이콘은 순수한 비잔틴 양식이다. 이콘의 주된 주제는 구약과 신약, 사도행전, 외경복음, 기립찬양 등이다. 세르비아의 벽화에는 비잔틴 이콘 화법이 살아 있다. 콤니논 시대의 기하와 마케도니아 화풍의 자유스런 선들이 주된 특징으로 남아있다.

루마니아에도 비잔틴 이콘 벽화로 이루어진 성당들과 이동이 손쉬운 가치 있는 이콘들이 많이 존재한다. 루마니아 성당 벽화의 독특한 특징은 성당의 바깥쪽 표면에도 이콘을 그린 점인데 그 이유는 비신자들을 교육하고 가르침으로써 정교신앙으로 이끌기 위함이라 한다. 성당의 예비소(narthex)[9]에는 플라톤, 소크라테스 등 그리스 철학자들도 그려져 있다.

---

9) 정교회 성당 초입. 예전에는 성만찬이 행해질 때 세례신자들은 성소에 계속 머물고 세례받기 전인 예비 신자들은 이곳으로 물러나 머물렀다.

6. 신학적 질문

■ 이콘과 우상의 차이는 무엇인가?

　이콘과 우상의 기본적 차이는 성 테오도로스 스투디티스의 말씀에서 찾아볼 수 있다. "이콘은 존재하는 것의 형상이지만 우상은 존재하지도 않는 것의 형상이다." 다시 말하면 우상의 원형은 존재하지 않는 상상에 의한 것이지만 이콘은 실제 존재하는 원형을 가지고 있다. 예를 들면, 그리스도 이콘은 육화하신 하느님, 말씀이시자 아들이신 원형을 그린 것이다. 그런데 제우스 신의 동상은 과연 누구를 본 딴 것인가? 우상 그 자체가 예배드려지고 있다. 그래서 구약에서 모세의 율법은 우상을 금지시키고 있는 것이다.

　하느님 말씀의 육화로 우리는 그분을 표현할 수 있게 되었다. 하느님 아들을 이콘으로 표현하는 것은 우상을 만드는 것이 아니라 그 분의 육화에 대한 고백이요 증언이다. 만약 육화 이전의 하느님 말씀, 즉 육화 이전의 성자를 그려낸다면 그것은 옳지 못하며 올바른 행위가 될 수 없다. 왜냐하면 형태가 없는 하느님을 그리는 것은 불가능하기 때문이다. 그런 행위는 "하느님이 누구의 모습을 닮았다는 말이냐? 어떤 모습이 그를 닮을 수 있다는 말이냐?" (이사야서 40:18)라는 하느님의 말씀에 위배되는 것이다.

성모님과 성인들 즉 교회의 이콘들이 표현하고 있는 인물들은 실제적이고 역사적으로 존재했던 인물들이다. 그들은 오직 한분이신 참 하느님과 실제적이고 개인적이며 직접적인 친교를 맺으신 분들이다.

■ **구약성서에 보면 모세율법은 우상을 금지시키는데 어떻게 인간 모습을 한 헤루빔 조각상이 가능하며 또 그것을 증거의 장막에 배치할 수 있는가? 이것들은 우상이 아닌가?**

장막에 배치한 인간 모습의 헤루빔 조각상은 우상이 아니다. 즉 존재하지도 않는 원형을 상상으로 만들어 낸 것이 아니라 이스라엘의 판관들에게 나타났던 육체 없는 천사들의 형상인 것이다.(창세기 3:24, 16:11, 19:1, 히브리서 1:14)

성 테오도로스 스투디티스와 교회의 교부들은 이 모습을 '모형'이라 이름 붙이고, 하느님께서 이런 성스런 상징들, 즉 헤루빔, 계약궤, 증거의 장막 등을 제작하도록 허락하셨다고 강조하였다. 왜냐하면 하느님께서는 이 성스런 상징들을 통해 선택받은 이스라엘 백성들이 한편으로는 그들의 삶 속에 하느님의 지속적인 존재를, 또 다른 한편으로는 오직 한 분이신 참 하느님께만 예배를 드려야 하는 의무가 있음을 깨닫게 해주길 원하셨기 때문이다.

성 테오도로스 스투디티스는 이 '모형'과 관련하여 다음과 같이 말씀하셨다. "이 모형은 구약의 인간들에게 거룩한 상징이 된다. 그 상징들은 '구리뱀'처럼 그리스도를 암시하거나 혹은 영적 예배를 분명하게 예시하는 기능을 한다." 또 다른 부분에서 성인은 "이 모형을 통해 이스라엘 백성은 상징적으로 한 분이신 하느님을 뵙고 예배드리도록 인도된다."

■ 모세 율법은 하느님을 형상화하는 것을 금했다고 이콘 반대론자들은 주장하고 있지 않나?

그렇다. 용납되지 않는다. 출애굽기를 보면 "너희는 내 앞에서 다른 신을 모시지 못한다. 너희는 위로 하늘에 있는 것이나 아래로 땅 위에 있는 것이나, 땅 아래 물속에 있는 어떤 것이든지 그 모양을 본 따 새긴 우상을 섬기지 못한다. 그 앞에 절하며 섬기지 못한다"(출애굽기 20: 3-5)라고 말씀하고 계신다. 그럼에도 불구하고 이스라엘 백성들은 모세를 통해 전해준 하느님의 계명을 반복적으로 어기고 우상숭배에 빠져들었다.

■ 그렇다면 구약성서에는 하느님의 형상이 완전히 배제되는가?

모세는 하느님을 어떤 모습으로도 본떠서는 안된다고 명령했음에도 불구하고 구약성서에서 하느님에 대한 형상화가 완전히 배제되지는 않는다. 반대로 우리가 자세히 살펴보면 구약은 회화적인 요소로 가득함을 알 수 있다.

형상에 대한 금지는 아직까지 영적으로 성숙되지 않은 당신의 백성들이 하느님의 법에서 멀어지고 쉽게 우상숭배에 빠지지 않도록 온전히 교육하기 위한 것이었다. 하느님께서는 모세를 통해 어떤 형태로든 당신의 얼굴을 그리지 못하게 명령함으로써 당신의 백성이 멀어지는 것을 방지하고, 우상숭배의 유혹에 빠지는 것을 막으셨다. 이렇게 교육되어진 백성들은 점차 절대적이고 초월적인 존재로 하느님을 마음속에 새기게 되었다. 실제로 과연 누가 보지 못한 하느님을 형상화 할 수 있단 말인가! 그러나 그리스도는 이 세상에 오셨고 우리는 그분을 눈으로 보고 손으로 만질 수 있게 되었고, 그래서 육화하신 하느님 예수 그리스도 안에서 하느님을 형상화 할 수 있게 되었다. 왜냐하면 그리스도는 성부 하느님과 완전히 하나이기 때문이다. 주님 자신도 "나를 보았으면 아버지를 본 것이다"(요한복음 14:9)라고 말씀하셨다.

■ 구약성서는 회화적인 요소가 가득한 책이라 했는데 무슨 의미인가?

구약성서는 회화적 예시로 가득하고 하느님의 섭리 사건들에 대한 묘사가 가득한 책이다. 그 예시는 예수 그리스도께서 이 세상에 오신 신약시대에 들어와서 실현되었다. 이런 예시적 묘사의 예를 몇가지 들어보면 성모님의 영원한 처녀성을 예시하는 "불속에서 타지 않는 덤불"(그림 35)과 주님의 삼일만의 부활을 예시하는 "고래 뱃속에서 삼 일간 있었던 요나"의 묘사가 있다. 또한 '노아의 방주'는 교회를 예시하고 '모세 율법'은 복음의 예시이다.

■ 모세의 율법은 복음의 형상이고 그리스도는 아버지의 형상, 인간은 하느님의 형상, 성인들은 그리스도의 형상, 성당은 하늘의 형상, 성찬예배는 천상에서 거행되는 성찬예배의 형상이다. 이렇듯 하나가 다른 하나의 형상이라고 한다면 '형상'이라는 용어가 너무 광범위하게 사용되고, 또 그 의미가 지나치게 포괄적이지 않는가?

야고보스 마이나스는 그의 저서 「이콘의 새로운 언어」에서 이 부분에 대해 다음과 같이 분석했다.

"정교회에 있어 이콘은 삶의 방식과 자세, 진리의 규범과 본질, 교육, 신학이다. 주님의 부활과 다볼산의 주 변모에서, 그리스도는 아버지의 형상이자 반영이다. 인간에게는 하느님의 형상이 있고, 성인은 그리스도의 형상이며 교회는 성 삼위의 형상이다. 정교 수도생활은 창조되지 않은 빛과 직결된다.

그림 35. 불속에서 타지않는 덤불. 미카엘 다마스키노스 16세기 작품

이렇듯 모든 것은 형상이라는 주제를 담고 있다. 모든 것은 스스로 존재하고 살아가는 것이 아니라 건너감, 넘어감, 즉 파스카이다. "나를 보았으면 곧 아버지를 본 것이다"(요한복음 14:9)라는 주님의 말씀처럼 각자는 자기 자신을 다른 모습의 투영을 통해 발견한다. 각자는 자기 자신 안에 머무르는 것이 아니라 원형으로 향하고 건너간다. 이 넘어감은 이콘이 지니는 진리의 핵심이며 정교회의 핵심이다."

■ **그렇다면 왜 이콘 반대론자들은 그토록 이콘을 반대했고 교회는 이에 맞서 그토록 피를 흘리며 투쟁해야 했는가?**

이콘 논쟁(726-843)은 하나의 역사적 사건이다. 성 테오도로스 스투디티스와 다마스커스의 성 요한은 주로 이콘 논쟁의 신학적 주제에 깊이 관여하셨다. 이콘 문제에 대한 그들의 해답은 정교회에서 이콘의 위치를 확고히 하는 초석이 되었다.

초창기에 이콘 반대론자들은 거룩한 것에 대한 형상화를 금지하는 구약성서의 말씀으로부터 출발하였다. 그래서 그들은 정교인들을 우상숭배자라고 비난하였다. 왜냐하면 그들의 눈에는 정교인들이 나무나 돌이나 벽에 대고 예배를 드리는 것으로 보였기 때문이다. 하지만 이것은 단지 표면적 이유에 불과했다. 이콘 반대론자들의 문제점은 하느님-말씀의 육화 사건 즉 하느님께서 인간이 되신 것이 "인간을 하느님처럼 변화"시키시려는 것이었다는 진정한 의미를 이해하지 못한 것이었다. 하느님이 육신을 취하시고 인간 세상에 오신 깊은 의미를 깨닫지 못한 그들은 결국 이콘 반대라는 극단적 방법을 선택하였다. 이콘은 육화하신 하느님의 증거이자 증명이었기 때문에 이콘을 부정한 그들은 성삼위의 두 번째 위격의 육화를 부정하였다. 육화의 부정은 하느님의 모든 섭리를 무너뜨렸다. 그래서 교부들은 강하게 반발하였고 이콘이 갖는 의미에

그림 36. 성 테오도로스 스투디티스. 히오스의 네아 수도원, 11세기. 모자이크

대해 변론과 깊은 신학적 논리를 펼쳐나갔다. 정교회가 이콘을 공경하고 중요하게 생각하는 것은 우상숭배가 아니라 말씀이 육화하셨음과 하느님께서 신성을 지니신 채 완전한 인간이 되시고 인성을 지니신 채 완전한 하느님이

되셨음을 고백하는 것이다. 육화하심으로써 죄의 결과로 어두워진 인간 속에 있는 하느님의 모습을 다시 살리고 우리에게 구원과 신화의 길을 열어주셨다는 고백이다. 다시 말해 신성이 인성과 하나가 됨으로써 마치 생명과 구원의 약처럼 우리의 인성이 영광을 받게 되고 불멸의 존재로 변화된다는 것이다.

■ 이콘의 신학적 자료들은 무엇인가?

1. 신약성서(사도바울)
2. 까빠도끼아 교부들(주로 성 대 바실리오스 교부)
3. 주로 그리스도 교리와 관련된 제4차 세계공의회
4. 다마스커스의 성 요한
5. 성 테오도로스 스투디티스(그림 36)
6. 니케아에서 열린 세계 제 7차공의회

■ 신약성서 어디에 이콘과 관련한 언급이 있는가?

신약성서에서 직접적 언급은 없다. "만약 직접적인 언급이 있었다면 아마도 인간들은 이콘을 신격화시켰을 것이다"라고 다마스커스의 성 요한은 말하였다. 하지만 성부 하느님과 성자이신 그리스도의 관계에 대한 묘사는 다음과 같이 신약성서에 분명하게 언급되어 있다. "나를 보았으면 곧 아버지를 본 것이다."(요한복음 14:9) "그리스도께서는 보이지 않는 하느님의 형상이시다."(골로사이 1:15)

■ 이콘 반대론자들이 이콘을 받아들이지 못하는 주된 이유는 무엇

인가?

그들은 '형상'이라는 용어를 완전히 잘못 이해하고 있었다. 즉 그들은 "진정한 형상은 그 원형과 동일한 성질을 가지고 있어야 하고 본질도 같아야만 한다"고 생각했다. 그렇지 않으면 우상이라는 것이다. 그래서 그들은 그리스도의 진정한 형상이 될 수 있는 것은 오직 감사의 성사뿐이라고 하였다. 하지만 정교인들은 "거룩한 봉헌물(성체성혈)을 그리스도의 형상으로 받아들이지 않는다. 왜냐하면 그것은 원형인 그리스도 자체이기 때문이다. 거룩한 봉헌물은 형상으로 바뀌는 것이 아니라 그리스도의 거룩한 몸과 피로 변화하기 때문이다."

이콘 반대론자들의 이러한 태도는 교회에 받아들여질 수 없었다. 그래서 다마스커스의 성 요한과 성 테오도로스 스투디티스를 중심으로 정교 교리를 지키기 위해 투쟁하였다. 이 교부들은 이단들과의 깊은 신학적 토론을 펼쳤고 오늘날 정교회가 보존하고 있는 이콘 신학과 이콘에 대한 바른 태도와 가치를 우리에게 전해주었다.

■ 이콘과 그 원형과의 관계에 대해 정교회의 입장은 무엇인가?

정교인들에게 있어 이콘은 그 원형과 동일시되지 않는다. 게다가 '이콘(εἰκόνα)'이라는 단어의 의미가 바로 이것을 증명한다. "형상과 그려진 인물은 별개"라고 다마스커스의 성 요한은 말한다. 원형과 그의 형상을 동일시하는 것은 불가능하다. 왜냐하면 서로 다른 두 개의 요소이기 때문이다. 즉 하나는 원인이고 다른 하나는 결과이기 때문이다. 그들은 서로 구분되는 두 개의 사실이다. 하지만 동시에 불가분의 관계이기도 하다.

또한 신학자 성 그레고리오스는 "형상의 특성은 그 원형을 닮음에 있다"라고 하였다. 이렇게 형상의 특징으로서의 '닮음'은 모습 면에서는 그 원형과 닮음을 보여주지만 본질 면에서는 원형과 서로 다름을 보여준다.

좀 더 이해를 돕기 위해 우리는 거울의 경우를 들 수 있다. 거울 앞에 선 사람은 그 거울 속에 투영된 자신의 얼굴을 보게 된다. 하지만 이 투영된 모습이 거울 앞에 서있는 자신과 본질적으로 같지 않음은 자명한 일이다.

이 모든 것을 통해 볼 때 정교회 이콘은 그 모습에 있어서는 그려진 인물과 닮는다는 특징을 갖지만 본질에 있어서는 전혀 다르다는 결론을 도출할 수 있다. 이콘은 원형과 공통의 본질을 갖지 않는다. 따라서 정교회 이콘은 두 가지 역할의 기능을 할 수 있는데 그것은 진리를 감추면서 또한 동시에 진리를 드러낼 수 있다는 것이다.

■ 그리스도는 보이지 않는 하느님의 형상이라 했는데 이 경우 그리스도의 형상은 원형인 하느님 아버지와 동일시되지 않는가?

이 질문에 대해 성 테오도로스 스투디티스에게서 답을 얻을 수 있다. 성인은 형상을 '본질적' 형상과 '인위적' 형상으로 구분 지었다. '본질적' 형상에서 원형은 본질에 있어서는 형상과 일치하지만 존재에 있어서는 서로 구별된다.

성인은 '본질적' 형상의 주된 예로서 그리스도와 성부와의 관계를 제시한다. 즉, 그리스도는 신성이라는 점에서는 성부와의 관계에서, 그리고 인성이라는 점에서는 성모님과의 관계에서 본질적 형상이다. 그리스도는 육화하신 하느님-말씀이신데 하느님-아버지와 신성 면에서 전혀 다르지 않은 형상이시다. 반면에 인성 면에서는 성모님의 본질적 형상이다. 하지만 동일한 신성을 가진 성 삼위의 관점에서 볼 때 그리스도는 존재론적인 면에서 구별된다. 왜냐하면 하느님-아버지의 존재와 하느님의 말씀이신 아들의 존재는 서로

그림 37. 다마스커스의 성 요한. 아기온 오로스 성 스타브로니키타 수도원, 1546

다르기 때문이다. 같은 맥락에서 그리스도는 인성 면에서 주님을 낳으신 어머니와 동일시된다. 반면에 존재론적 입장에서는 구별된다. 왜냐하면 인간으로서 그리스도는 존재론적으로 그의 어머니와 다르기 때문이다.

반면에 '인위적' 형상 – 성당과 집들에 있는 이콘들 – 은 모습의 일치라는 점에서 그의 원형과 동일시된다. 하지만 본질 면에서는 구별된다. 그리스도의 인위적 형상인 그리스도 이콘은 본질에 있어서는 육화하신 하느님의 말씀인 그 원형과 다르다. 하지만 원형의 인물을 재현한 것이기 때문에 서로 상관관계에 있다. 그래서 원형의 이름을 따오고 형상 면에서 존재론적으로 동일시된다. "원형과 형상은 존재론적 닮음에서 하나이지만 본질에서는 두 개이다"라고 성 니키포로스는 말했다. 그래서 "그리스도의 형상은 그리스도다"라고 다마스커스의 성 요한은 말했던 것이다.

■ 주님의 이콘에서 두 개의 본성 중 어느 것이 그려지는가?

이콘 반대론자들도 똑같은 의문을 지녔다. 그래서 그들은 이콘 옹호론자들에게 이렇게 질문했다. 그리스도의 형상이 묘사하는 것은 신성인가 아니면 인성인가? "형상화 될 수 없고" "설명되지 않는" 하느님을 어떻게 그릴 수 있는가? 또 인성이 그려진다면 그리스도의 이콘 속에 인성과 신성이 어떻게 나눠질 수 있는가?

그들의 이런 질문에 대해 다마스커스의 성 요한(그림 37)은 다음과 같이 답했다.

"과거에 육신이 없고 형태가 없던 하느님은 결코 그려질 수 없다. 하지만 지금은 육신을 취하시고 인간과 더불어 함께하신 눈에 보이는 하느님을 그린다. 그래서 우리는 용기를 갖고 보이지 않는 하느님이 아닌 우리 구원을 위해 피와 살을 취하신 우리 눈으로 볼 수 있는 하느님을 그리는 것이다."

하느님의 육화는 우리에게 그분을 형상화하고 그분의 모습을 그릴 수 있는 권리를 주었다고 정교인들은 말한다. 물론 그분의 신성과 그분의 인성을 분리하는 것을 의미하지 않는다. 우리가 주님을 그려내지 않는다면 우리는 그분의 인성을 부정하는 결과를 가져올 것이다. 그때 우리는 그분의 신성만을 받아들이는 단성론자나 그리스도가 실재가 아닌 가현적으로 세상에 오셨다고 믿는 그리스도 가현론자가 될 것이다.

성 테오도로스 스투디티스는 이 점에서 이단들인 이콘 반대론자들에게 분명하고 확실한 신학적 입장을 정립함으로써 완전히 이 문제를 해결하였다. 즉 본성과 존재(혹은 위격)를 분명하게 구별하여, "이콘은 본성을 그리는 것이 아니라 그 존재를 그리는 것이다"라고 말씀하셨다. 현대 이콘 작가 미셸 끄노(Michel Quenot)는 "그리스도의 이콘에는 그분의 신성이나 인성이 그려지지 않는다. 다만 두 본성을 하나로 담고 계신 한 존재가 그려진다"고 하였다.

■ '존재($ὑπόστασῃ$)'라는 단어는 무엇을 의미하나?

이 질문은 지극히 당연하고 본질적인 것이다. '존재'라는 단어는 이콘 반대론자들에게 결핍된 아주 중요한 신학적 용어이다. 칼케돈 공의회 이전에는 '본질($Φύσις$)', '존재($ὑπόστασῃ$)', '위격($πρόσωπο$)'이 모두 같은 의미로 사용되었다. 그런데 같은 뜻을 가진 이 용어들이 한편으론 성 삼위 하느님을 이해하는 데 심각한 어려움을 유발시켰고 다른 한편으로는 그리스도 안에서의 인간과 하느님의 연합을 이해하는 데 심각한 장애가 되었다.

칼케돈 공의회의 교리는 '본질'과 '존재' 또는 '위격'의 의미를 분명하게 구분 지었다. 그렇게 존재와 위격은 같은 의미로 자리 잡았고 '본성'보다 좀 더 넓은 의미로 사용되었다. 왜냐하면 존재와 위격은 '본성'을 전제하고 내포하고 있기 때문이다. '본질' 혹은 '본성'은 단순히 일반적이고 보편적인, 예를 들면 천사나 인간 등에게 있어 '공통적으로' 존재하는 그 무엇을 지칭한다. '본성'은 모두에게 존재한다. 그런데 이 공통된 본성에 개별적 특성의 요소가 부가된다. 예를 들면 인성은 모든 인간들에게 공통적이다. 하지만 개인은 수없이 많고 독자적이며 구체적이고 대체될 수 없는 존재이다. 그만이 가지고 있는 개인의 특성과 특징이 있다.

다마스커스의 성 요한은 '존재'라는 용어의 뜻을 분명히 구분 짓고 있다.

"많은 사람들이 있다. 하지만 각자는 독립된 특별한 존재다. 아담도 독립체이고 이브도 독립체이며 셋도 다른 독립체이다." 성인은 존재와 본성과의 구분을 위해 성 삼위와 천사와 인간의 예를 들었다. "성 삼위에는 세 분의 존재가 있다. 한 분은 아버지, 또 다른 분은 아들, 그리고 성령이다. 하지만 모든 것을 초월하고 헤아릴 수 없는 신성인 본성은 하나이다. 천사들에게 있어 미카엘과 가브리엘은 존재이며 나머지 천사들도 그러하다. 반면에 천사적 본성은 하나이다. 인간의 경우도 마찬가지다. 베드로와 바울로, 요한 그리고 그 외의 각 개인이 다른 존재이다. 하지만 인성이라는 본성은 같다."

따라서 이콘은 이콘에 그려진 원형의 인물(존재)을 그리고 그의 이름을 가져온다. 이렇게 해서 이콘에 대한 경의는 그의 원형에게로 넘어간다.

따라서 이콘 반대론자들이 – 그리고 많은 경우 우리 자신도 – 가졌던 의문, 즉 "그럼, 어떤 본성이 그려지는가, 즉 신성인가 아니면 신성과 분리된 인성인가?"라는 질문에 정교회는 성 테오도로스 스투디티스의 말씀을 통해 다음과 같이 대답한다. "우리는 신성도 인성도 그리지 않는다. 우리는 다만 존재론적으로 표현될 수 있는 그의 존재를 그린다."

러시아 신학자 레오니다스 우스펜스키는 교부들의 가르침을 근거로 다음과 같이 말하고 있다.

"우리가 주님을 재현하는 것은 신성도 인성도 아니고 그 인물, 존재를 재현하는 것이다. 그 존재는 칼케돈 공의회의 교리처럼 두 개의 본성을 분리되지 않고 혼합 되지 않게 하나로 연합시키셨다."

블라디미르 로스끼(V. Lossky)는 '존재'라는 용어에 대해 다음과 같이 말했다. "존재는 두 본성을 포함하고 있다. 그리스도 안에는 하나의 존재에 두 개의 서로 다른 본성이 있다."

■ 이콘 논쟁 기간 중에 이콘 옹호론자들의 일부가 정도를 벗어난 것이 사실인가?

사실이다. 이콘을 잘못 이해하고 정도를 벗어난 사례가 있었다. 그들은 이콘에 그려진 인물에 대한 경의가 아닌 어떻게 보면 이콘의 나무에 경의와 예배를 드리는 오류를 범했다. 즉 우상 숭배자들처럼 이콘 숭배자들이 되어 이콘에 어떤 마법적 특징을 부여했고 지나치게 추앙하는 상황에 이르기도 했다. 어떤 성직자는 이콘의 물감을 긁어내어 신자들이 영하는 주님의 몸과 피에 첨가하는 오류를 범했다. 또 어떤 성직자들은 성찬예배를 제단에서 행하지 않고 이콘 위에서 드리기도 하였다. 그리고 화가들은 아주 섬세하고 육체적 자극을 불러일으키는 이콘들을 그려냄으로써 문제를 일으켰다. 이런 이콘들은 하느님과 성인들의 영광을 드러내지 못함은 물론 신자들을 영적 세상으로 인도하지 못하고 비잔틴 이콘이 추구하는 초월적 분위기를 창조하지 못했다. 교회 안에 이런 이콘들이 출현한 것은 신성모독이나 다름없고 일종의 우상숭배이기도 했다.

■ **다시 말하면 이콘 반대론자뿐만 아니라 이콘 옹호론자들도 교회 안에서 문제를 일으켰다는 얘기인가?**

이들 뿐만 아니라 유대인, 이교도들, 서방인들 그리고 이콘에 대한 올바른 지식이 없는 사람들은 광신도들에 의해 쉽게 현혹되었다. 왜냐하면 그 당시만 해도 아직 이콘에 대한 올바른 신학이 형성되기 전이었기 때문이다. 교부들은 정교회 교리와 삶을 지키기 위해 투쟁을 했다.

바실리오스 곤디카키스는 「스타브로니키타 수도원 이콘 벽화에 관한 신학적 해석」이라는 그의 저서를 통해 그 당시의 혼란했던 상황을 잘 보여주고 있다. 이콘 반대론자들은 이콘을 부수고 말씀의 육화를 작품으로 그리는 것을 부정하였다. 반면에 이콘 숭배자들은 이콘의 도구인 물질을 예배드리며 하느님을 잃었다. 서방인들은 이콘을 장식적 요소로 받아들였다.(794년 프랑크푸르트 공의회의 결정) 하지만 정교회는 하느님의 육화하신 말씀에 대한 믿음을 지키면서 정도를 벗어난 모든 이론들을 부정하였다. 선과 악의 존재처럼 물질을 부정하지도, 예배의 대상으로 받아들이지 않았을 뿐만 아니라 신학에 무관심하지도 않았다. 오히려 다마스커스의 성 요한의 입을 통해 교회의 믿음을 다음과 같이 고백하였다.

"나는 나를 위해 물질이 되신, 나를 구원하신 하느님을 예배드린다. 그래서 신성의 은총으로 가득한 물질을 통해 구원받은 나는 그 물질에 경의를 표하는 것을 멈출 수 없다. 그리고 부활의 빛으로 하늘과 땅과 땅속까지 빛나는 온갖 피조물 속에서 나는 경이로움을 지닌 채 살아간다. 하느님의 모든 성전과 하느님께서 나타나시고 역사하신 모든 것에 경의를 표한다. 물질이 거룩해서 그렇게 하는 것이 아니라 창조되지 않은 신성의 빛을 담는 그릇이기 때문이다."

■ 즉 이콘의 재료가 하느님 은총의 충만한 도구가 될 수 있다는 것인가?

물론이다. 이미 다마스커스의 성 요한이 밝힌 바와 같이 이콘의 재료는 하느님 은총의 충만한 도구가 된다. 성인들의 삶에 충만했던 성령의 은총은 그들의 이콘을 가득 채운다. 하느님의 은총은 이콘(물질)과 원형을 연결한다.

■ 우리는 이콘에 예배드리는 것인가 아니면 공경을 표하는 것인가? 무엇이 예배며 무엇이 공경인가?

다마스커스의 성 요한은 "공경은 순종, 낮춤, 겸손의 표시이다"라고 말씀하셨다. 우리가 이콘 앞에서 간구하며 기도하는 이유는 이콘이 매개자의 역할을 하기 때문이다. 이렇게 이콘은 하나의 통로, 다리가 된다. 그리고 우리는 그 통로를 통해 존재론적으로 그려진 성인에게 공경을 표하며 더 나아가 진리의 하느님께 나아간다. 왜냐하면 물질에 공경을 표하는 것이 아니라 그려진 인물에게 표하는 것이기 때문이다. 따라서 이콘 및 이콘 공경의 신학은 원형과 관련한 신학이 되며 궁극적으로는 성 삼위 하느님께 대한 바른 예배와 관련된다.(그림 38)

정교회 신학은 오늘날까지 하느님께 대한 흠숭(예배, 혹은 경배)과 성모님과 성인에 대한 공경(영예적 경의)의 구별을 온전히 지켜오고 있다. 성모님과 성인들에 대한 공경은 그분들이 하느님으로부터 받은 영예에 근거를 둔다. 이콘들은 영예를 증거하고 우리들에게도 같은 삶을 살아가도록 독려한

그림 38. 이콘 현양. 성 그레고리 수도원, 18세기

다. 더욱이 성인들은 그리스도화된 존재들로서 그리고 은사를 입은 분들로서 은총으로 그곳에 함께 한다. 우리를 지켜보고 우리의 기도를 들으며 우리를 사랑과 친교의 관계로 부른다. 성인을 그리스도화된 존재라고 말하는 것은 그들이 은총에 의해 그리스도-하느님이 되었음을 말하는 것이다. "성인들이 있는 곳은 어디든지 그곳에 하느님이신 주님께서 계신다. 하느님은 성인들 속에 함께 거하신다. 각 성인은 반복되는 그리스도이다"라고 유스티노스 포포비츠는 말했다.

성 파코미오스는 성인들처럼 이 세상에서 성화된 삶을 살아가는 사람들에 대해 같은 의미를 부여하였다.

"만약 순수하고, 겸손하고 자비롭고, 온유하고, 아픔을 함께 나누고, 하느님과 형제들을 사랑하고, 덕을 쌓고 살아가는 사람을 보게 되면 너는 그의 모습 속에서 눈에 보이는 성전과 눈에 보이지 않는 하느님을 보는 것과 같다."

만약 성스런 사람에 대한 입장이 이러하다면 하느님-인간이신 그리스도는 참으로 인간의 모습 속에서 완전한 하느님의 발현이며 눈에 보이는 하느님의 형상이라 할 수 있다.

따라서 우리가 성인들과 그분들의 이콘에 공경을 표하면 우리는 참 하느님에게 흠숭을 표하는 것이 된다. 물론 흠숭과 공경에 대한 혼돈이 있어서는 안 된다. 세계 제 7차공의회에 따르면 흠숭은 오직 성 삼위 하느님에게만 행해지며 공경은 성인들에게 전해진다고 하였다. 성모님은 성 삼위 하느님 다음의 첫 번째 자리를 차지함으로서 공경의 대상으로써 첫 번째에 있다. 따라서 정교회에서는 성모님을 "헤루빔보다 고귀하시고 세라핌에게 비할 수 없이 영화로우신 분"으로 아주 높이 찬양하며 극존칭을 아끼지 않는다.

다마스커스의 성 요한은 하느님에 대한 흠숭의 여러 가지 방법을 제시한다.

첫째는 성 삼위에 대한 영광, 두 번째는 감사, 세 번째는 간구, 네 번째는 회개와 고백이다. 이 방법을 통해 그리고 이러한 삶을 통해 우리는 우리 자신을 깨끗이 하고 거룩한 삶에 동참함으로써 비로소 존재론적으로 하느님께 예배 드리는 것이다.

■ 기적 이콘들이 있는가?

과거부터 오늘날까지 예수 그리스도, 성모, 성인들의 이콘에서는 많은 기적들이 일어난다. 케사리아의 주교(339)였던 역사가 에프세비오스는 복음에 기록되어 있는 가나안 여자가 파네아(북 갈릴레아)에 예수 그리스도의 몸을 나타내는 동상을 세웠는데 그 동상의 기초부분에 불치의 병을 치료하는 식물이 자랐다고 기록하고 있다.

또한 에바그리오스는 불치의 병에 걸린 메소포타미아의 왕인 아브가로스를 치료한 '성면(聖面) 수건' 이콘의 기적과 '성면 수건' 이콘의 기원 행렬 의식이 끝난 후 페르시아에 의해 위험에 빠졌던 에데사 도시가 위험에서 벗어나게 된 기적(615)을 언급하고 있다.

잘 알려진 또 다른 기적은 이라클리오스 황제 시대 때 '인도자 성모님의 기적 이콘'과 관련된다. 그 일화는 다음과 같다. 당시 적군들이 콘스탄티노플을 점령하기 위해 성벽을 올라오고 있었는데 성벽을 방어 할 수 있는 아군은 극소수였다. 왜냐하면 이라클리오스 황제가 또 다른 적과 싸우기 위해 콘스탄티노플에서 멀리 떨어진 곳에서 전쟁을 치르고 있었기 때문이었다. 도시가 위험에 직면하자 세르기오스 총대주교는 루가 복음사도에 의해 제작된 성모님의 이콘을 들고 성벽 주변을 돌며 기원을 드리기 시작하였다. 그러자 그때 어떤 기적의 힘이 영향을 끼친 것처럼 갑자기 적들이 물러나기 시작하였고 도시는 아무런 손상 없이 보호되었다. 교회의 전통에 의하면 이 사건 특히 이 기적을 기억하기 위해서, '보호자'라는 콘타키온 성가와 '성모 기립 찬양'이 작곡되었다고 전해진다. 오늘날 정교회는 거룩한 사순절 기간에 이 두 성가를 부르고 있다.

이외에도 많은 교회 저서들은 이콘의 기적에 대해 기록하고 있다. 기름, 눈물, 피가 흘러나오고 향기가 피어난다. 이 모든 것들은 신자들을 치료하는 하나의 도구가 되기도 한다. 오늘날 성인들의 이콘에서도 이런 기적들을 찾아볼 수 있다. 더 나아가 성인의 이콘 앞에 타고 있는 등잔의 기름이 기적을 일으키기도 한다.

■ 이콘의 기적에 대한 현상을 어떻게 설명할 수 있나?

기적은 주로 믿음과 하느님 은총의 산물이다. 기적은 흔들리지 않는 확고한 믿음을 전제한다. 마르코스 시오티스는 그의 저서 「이콘의 역사와 신학」에서 다음과 같이 설명한다.

"기적은 하나의 체험이다. 그 체험에 따르면 이콘 앞에서 기도하는 자의 영혼은 믿음을 통하여 하느님의 은총의 무게를 느끼며 따라서 하느님의 구원의 은총과 능력의 기적을 체험한다."

물론 이 기적의 역사는 하느님의 헤아릴 수 없는 뜻 안에 있다. 왜냐하면 많은 환자나 아픔을 겪는 이들이 하느님께 간구하지만 그들이 원하는 기적이 모두 이루어지지는 않기 때문이다. 하지만 이런 경우에도 대부분은 그들 내면의 변화를 경험한다. 즉 아픔과 슬픔을 받아들일 수 있게 되고, 이를 통해 인격적으로 성숙되며, 정신적이고 영적인 변화를 경험한다. 이런 변화 역시 아주 큰 기적 중 하나라고 할 수 있다.

■ 실제로 이런 기적적인 은사가 이콘의 물질에 있다는 것이 참으로 의아하지 않은가?

다마스커스의 성 요한은 "이콘의 물질에 은총이 내려지는 것은 그려진 성인의 중보적 은사에 기인한다"라고 말하였다. 이것은 하나도 이상한 것이 아니다. 왜냐하면 성인들은 이 세상에서 살아갈 때 그들의 육신을 '성령의 성전'으로 삼았기 때문이다. 이콘에 대한 가치나 공경이 그 원형에게 가듯이 기적의 능력도 그 원형으로부터 출발한다.

또한 에브도키모프도 이콘 물질의 신비라는 성스러운 주제에 대해 이렇게 얘기하고 있다. "이콘은 실체나 단순한 형식이 아니라 현존의 빛을 눈에 보여주는 표시이다", 또 "이콘은 여러 가지 신비한 현존 방법 중 하나이다. 발현의 장소이며 성스러운 능력으로 가득찬 은총의 채널이다"라고 하였다. 이 모든 것을 종합해 볼 때 정교 신학은 이콘 속 인물들의 은사적 출현을 하느님의 창조되지 않은 능력의 발현으로 해석한다고 볼 수 있다. 이렇게 해서 정교회가 이콘을 가치있게 여기는 것과 그에 대해 공경을 표하는 것이 설명된다.

다마스커스의 성 요한은 「이콘에 관한 세 번째 연설」에서 수많은 기적을 언급하고 있다. 이 기적 이야기 속에는 테오도로스 엘리오티스 원로 수도자의 얘기도 들어있는데 그 내용을 통해 우리는 우리 가정에 소장하고 있는 이콘이 뿜어내는 구원의 은사와 큰 의미를 볼 수 있다. 또한 우리가 이콘에 공경을 표할 때 성인의 축복은 물론 사탄도 두려워 떠는 성인의 빛나는 현존을 담지하고 있음을 잘 보여준다.

■ 수도자, 사탄, 그리고 성모님의 이콘

엘리오티스 사부는 다음과 같은 이야기를 하였다.

"올리브 산에 은둔하며 살던 한 수도자가 있었다. 그는 정성을 다해 수도생활에 정진하며 살았는데 오랜 세월 동안 육체적 욕망이 그를 괴롭혔다. 어느 날 수도자는 너무 고통스러운 나머지 "언제까지 너는 나를 괴롭힐 셈이냐? 이제 그만 나를 가만히 놔두고 없어져라. 내가 이토록 늙을 때까지 나를 괴롭혔으면 이제 그만 해도 되지 않았느냐?" 하며 사탄에게 소리쳤다.

그러자 사탄이 그에게 나타나서 다음과 같이 말했다. "그렇다면 내가 너에게 말하는 이것에 대해 그 누구에게도 말하지 않겠다고 맹세해라. 그러면 내가 두 번 다시 널 괴롭히지 않을 것이다." 그러자 수도자는 "하늘에 계신 하느님을 두고 맹세하겠다. 그 누구에게도 네가 나에게 말하는 것을 말하지 않겠다" 하고 대답하였다.

그러자 사탄은 "앞으로 두 번 다시 이 이콘에 공경을 표하지 마라. 그러면 나는 너와 더 이상 전쟁을 치르지 않을 것이다" 하면서 아기를 안고 계시는 성모님의 이콘을 가리켰다. (그림 39)

수도자는 사탄에게 "내가 생각할 시간이 필요하니 시간을 좀 다오" 하고 말했다. 그 다음날 수도자는 테오도로스 엘리오티스 사부를 찾아가 그에게 일어난 모든 일을 고백했다. 사부는 수도자에게 다음과 같이 말했다. "형제여, 사탄이 당신을 속이고 당신에게 맹세하도록 덫을 놓았소. 하지만 나에게 와서 그 사실을 알린 것은 참으로 잘한 일이요. 내 생각은 차라리 당신이 도시의 창녀촌들을 전부 돌아다니는 것이 우리 주 예수 그리스도 하느님과 그분의 어머니에게 드리는 공경을 부정하는 것보다 훨씬 낫다고 판단되오."

수도자는 그 사부의 말에 힘을 얻고 위안을 받았다. 그리고 거처로 돌아왔다. 얼마 후 그에게 사탄이 다시 나타나 말했다. "이 저주 받을 못된 늙은이여, 그 누구에게도 말하지 않기로 나와 맹세해놓고 무슨 짓을 하였느냐? 너는 최후의 심판 날 거짓맹세한 자로서 심판받을 것임을 내가 미리 경고하노라" 하고 저주를 퍼부었다. 그러자 수도자는 사탄에게 다음과 같이 대답하였다. "내가 한 맹세에 대해서는 내가 잘 알고 있고 또한 맹세를 어긴 것도 잘 알고 있다. 하지만 나는 나의 주님과 나의 하느님을 위해 맹세를 어긴 것이니 너 따위 말은 두 번 다시 신경 쓰지 않을 것이다."

■ **부정신학(apophatic theology)과 수도자들은 기도할 때 무형의 하느님에 대해 어떤 형상도 떠올리지 말라고 했는데 이콘은 오히려 이를 더 어렵게 하는 것이 아닌가?**

부정신학과 수덕주의(asceticism)는 '예수기도'에서 어떤 상이나 환상을 금지시킴으로써 기도하는 사람이 자신의 판단 기준에 따라 하느님을 형상화하는 것을 반대했다. 소프로니오스 사하로프는 다음과 같이 말했다.

"이런 시도들은 피해야만 한다. 왜냐하면 그것은 예수기도에 매진하는 사람이 이성의 힘으로 영적 세상과 신비에 들어가려는 시도이며 진정한 질서에 반하기 때문이다. 기도하는 사람은 무형의 기도로 하느님을 향하여야만 하며 창조주 하느님을 그분의 초월성에서 찾아야 한다."

정교회 이콘은 철학 신학적 용어인 '객관주의'와 '주지주의'로 불려지는 위험으로부터 우리를 보호한다. 독창적인 이콘 화풍과 상징들을 통해 부정 신학의 정신으로 우리를 이끈다. 에브도키모프는 "이콘의 엄격한 원칙은 오감을 통한 객관주의화로부터 '영적'인 면을 보호한다"고 역설했다.

따라서 여기에는 객관주의와 주지주의가 들어갈 공간이 없다. "이콘은 객관적임과 동시에 비객관적이다."

또한 야나라스는 이콘은 유한한 지성과 상상력에 의존하는 것이 아니라 그려진 대상과의 직접적 친교의 관계로 이끄는 것, 그렇게 해서 그려진 인물의 존재, 원형으로 넘어가는 것을 목표로 한다고 말한다.

따라서 비잔틴 화법으로 된 정교 이콘은 나름의 방법으로 우리로 하여금 헤아릴 수 없고 형용할 수 없는 하느님에 대한 어떤 형상도 머릿속에 만들지 않으면서 기도할 수 있도록 도와준다. 즉 본질 면에서 - 이것은 아마도 부정적으로 보일 것 - 이콘 자체는 '이콘에 대립하는 것'이다! 왜냐하면 머리에서 창조하는 모든 우상적 창작, '정신이 만들어내는 생각의 우상'을 깨뜨리기 때문이다. 이렇게 정교 이콘은 이미 여러 번 강조하였듯이 우리를 "이콘 너머의 절대적 아름다움, 창조되지 않은 빛의 광채"로 이끌어준다.

■ 이콘은 객관적이기도 하고 아니기도 하다는 것이 무슨 의미인가?

그림 39. 아기 예수를 안고 계시는 성모님. 카레아의 성 요한 수녀원 작품.

우리는 이미 이콘에서 그려진 인물(대상)의 은총적 현존을 말했다. 사실 은총적 현존이 가능하다면 우리는 그려진 성인과 함께 대화는 물론 깊은 유대적 관계도 가질 수 있다. 우리는 이콘 앞에 있을 때 단지 이콘의 인물을 바라보는 입장만이 아니라 성인에 의해 바라보아지는 대상이기도 한다. 이콘은 다방면으로 읽혀진다. 즉 우리 각자는 우리의 삶과 믿음, 은총에 따라 우리 각자의 방법으로 이콘을 '읽는다'. 이콘은 우리 각 신자들이 이콘이 전하는 메시지를 듣고 그것을 이해하기를 기다린다. 여기서의 '이해함'이란, 생각으로, 즉 우리 머리로 이해하는 것을 의미하는 것이 아니라 감춰진 사실을 깨닫는 것을 의미한다. 이콘을 통해 우리는 희미하게 보이는 '감춰진 모습'을 볼 수 있다. 즉 이콘은 나름의 방법으로 하느님의 헤아릴 수 없는 신비를 암시하고 있다. 그 신비는 우리 인간에게 언제나 신비로 남아 있을 것이다. 여기에는 주지주의나 객관주의가 들어설 공간이 없다. 위의 모든 것을 종합해 볼 때 정교회 이콘은 한편으로는 우리를 지식으로 인도하고 또 다른 한편으로는 우리를 무지의 상태로 - 그래서 역설적으로 안전한 상태로 - 이끌어 생각을 단념하고 오직 그 대상 앞에 공경과 예배의 감정으로 서게 한다. 여기서 안전한 상태라고 한 이유는 정교회 이콘의 독특한 화풍이 이콘을 바라보는 이에게 진리에 대한 깊은 경외감을 불러일으키기 때문이다. 또한 그것은 정교회 이콘의 인간애적 모습이다. 왜냐하면 이콘은 "진리를 정신적 우상으로 만드는" 위험으로부터 인간을 보호하기 때문이다.

따라서 이콘은 객관적임과 동시에 비객관적이다. 하지만 이콘을 비객관적으로 바라보기 위해서는 '깨끗한 눈'이 필요하다. 즉 깨끗한 마음, 그리스도 안에서의 생활, 교회의 자녀로서 교회 성사에 끊임없이 참여하고, 이콘 이면의 깊은 세상을 볼 수 있는 은총을 받기 위한 겸손한 기도 등의 자세가 필요하다. 오직 하느님의 임재와 성령의 은총이 함께할 때 인간은 이콘을 통해 그 원형으로, 진리의 깨달음으로 넘어갈 수가 있다. 따라서 이콘은 타락으로 어두워진 우리 안에 있는 하느님의 형상으로 다시 돌아가라는, 원형이신 하느님과 성모님과 성인들의 현존이며 외침이며 요청이다. 새로운 하늘, 새 땅, 하늘 왕국으로의 신비로운 이주이다.

■ 어떻게 이콘은 우리 자신을 그리스도의 이콘이 되도록 인도하는가?

우리는 교회 안에서 특히 거룩한 감사의 신비성사 속에서 이것을 체험하며 살아간다. 이 성사는 "하느님 섭리의 모든 신비가 드러나는 형상이다. 왜냐하면 모든 구원의 사건이 그리스도를 중심으로 이 성사 안에 나타나고 재현되기 때문이다." 성찬예배 속에서 우리는 하느님과 성인들의 살아있는 형상이 될 수 있는 가능성을 얻는다. 단지 살아있는 형상에 머물지 않고, 실제적으로 변화되어 점점 더 형상에서 실체로 넘어간다. 성찬예배 속에서 우리는 "하느님의 형상과 모습"을 이루기 위해 전진해간다.

니콜라우는 그의 저서 「하느님의 섭리와 이콘의 의미」에서 다음과 같은 견해를 피력하였다.

"성찬예배에서 신자들은 헤루빔을 신비로이 모본하고 세상의 온갖 걱정을 물리치고 삼성송을 찬송한다. 하느님과 성인들의 살아있는 형상이 된다. 성찬예배 속에서 그리스도 안에서 '하느님의 모습'의 실현이 시작된다. 인간은 변화되고 형상에서 실체로 넘어간다. 하느님의 은사로 흠뻑 젖어 '하느님과 함께 자리한다.' [10] 신자들의 영광송은 천사들이 부르는 영광송과 믿음 안에서 잠든 모든 신자들의 영광송과 함께 어우러진다. 모든 신자는 성찬예배의 조화 속에서 판관들, 사도들, 예언자들, 성인들의 이콘들을 바라보고 각자 고유한 방법으로 이미 미래에 있을 실재적인 생명의 사건을 마치 어머니의 태중에 있는 태아처럼 미리 맛보고 경험하고 살아내는 것이다."

---

10) 하느님과 동일한 본질을 갖는 존재가 아니라 하느님의 은총으로 우리가 신화(神化)되는 상대적 개념.